निबन्ध निदर्श

निबन्ध निदर्श

सम्पादक
जयमोहन एम.एस.

वाणी प्रकाशन

वाणी प्रकाशन
4695, 21-ए, दरियागंज, नयी दिल्ली 110 002

शाखा
अशोक राजपथ, पटना 800 004

फ़ोनः +91 11 23273167 फ़ैक्सः +91 11 23275710

www.vaniprakashan.in
vaniprakashan@gmail.com

NIBANDH NIDARSH
Edited by Jayamohan M.S.

ISBN : 978-93-5000-806-5

प्रथम संस्करण

मूल्य : ₹ 40.00

हर्ष प्रिंटर्स, दिल्ली-110 093 में मुद्रित

वाणी प्रकाशन का लोगो मक़बूल फ़िदा हुसेन की कूची से

हिन्दी निबन्ध : उद्भव और विकास

आज हम जिस गद्य रचना को निबन्ध नाम से जानते हैं वह भी पाश्चात्य साहित्य की देन है, इसे अनेक विद्वान मानते हैं। मूलतः निबन्ध विधा की जन्मभूमि यूरोप है और वहाँ से यूरोप के अन्य देशों एवं भाषाओं में तथा अमेरिका और भारत में भी पहुँचा ऐसा माना जाता है। इस आधार से हिन्दी में निबन्ध विधा अंग्रेजी साहित्य के सम्पर्क और उसके माध्यम से आई है। यहाँ इसका सूत्रपात यूरोप में इसके उद्भव के करीब ढाई सौ वर्षों बाद हो पाया है। यह सूत्रपात आधुनिक काल के भारतेन्दु युग में हुआ। यह राष्ट्रीय नवजागरण और व्यक्तिचेतना के वर्चस्व का समय था। हिन्दी क्षेत्र में आधुनिकता, स्वचेतना, बौद्धिक सजगता और वैज्ञानिक लौकिक दृष्टि का विकास हो रहा था। जीवन कर्म और चिन्तन में रूढ़ियों से मुक्ति के लिए छटपटाहट थी। एक ओर मध्ययुगीन ईश्वरोन्मुखी वृत्ति, सामन्ती मूल्यों और संस्कारों से रंजित ब्रजभाषा से मुक्ति का प्रयत्न था, तो दूसरी ओर नवचेतना के प्रसार और जनाकांक्षाओं को सुबोध अभिव्यक्ति के लिए नए गद्य माध्यम विशेष प्रयत्नशील थे।

सर्वप्रथम भारतेन्दु हरिश्चन्द्र ने हिन्दी खड़ी बोली गद्य को निबन्ध के नए व्यक्तिपरक समर्थ और लघुतर माध्यम के रूप में विकसित और व्यवस्थित किया। इसका मूल उद्देश्य समाज का सप्रीति उद्‌बोधन एवं संस्कार था। राष्ट्रीय स्तर पर जनता से आत्मीय सम्बन्ध स्थापित करने की ऐतिहासिक जरूरत अंग्रेजी साहित्य से सम्पर्क, छापाखाने की सुविधा, मुद्रण कला के प्रसार और पत्र-पत्रिकाओं के प्रकाशन से निबन्ध के विकास के लिए अनुकूल वातावरण निर्माण हुआ। अंग्रेजी साहित्य के सम्पर्क के फलस्वरूप उन्नीसवीं शताब्दी के उत्तरार्द्ध में हिन्दी के तत्कालीन साहित्यकारों का ध्यान गद्य के विविध रूपों की ओर गया। हिन्दी के प्रथम निबन्ध के रूप में राजा शिवप्रसाद सितारे हिन्द के 'राजाभोज का सपना' (सन् 1893 ई.) का नाम लिया जाता है, किन्तु सच्चे अर्थों में हिन्दी निबन्ध भारतेन्दु युग में ही लिखे गये। डॉ. रामशंकर शुक्ल 'रसाल' ने निबन्ध-लेखन की परम्परा का आरम्भ भारतेन्दु से मानने पर बल दिया है। दूसरी बात यह है कि

इस काल की अनेक रचनाएँ तत्कालीन समाचार-पत्रों की फाइलों में बिखरी पड़ी है। अर्थात् हिन्दी निबन्ध का आरम्भ पत्र-पत्रिकाओं के प्रकाशन से ही हुआ यह निर्विवाद कहा जा सकता है। राष्ट्रीय जागरण की स्फूर्ति, उत्साह, उमंग, देशप्रेम, जनवाद, व्यक्ति स्वातंत्र्य, अन्तर्राष्ट्रीयता, वैज्ञानिक कला का प्रयोग, आवश्यकताओं की वृद्धि, गद्य का प्रचलन, मुद्रणकला का प्रचार, समाचार-पत्रों का प्रकाशन और उनके माध्यम से लेखक और पाठक में आत्मीय सम्बन्ध की स्थापना, अंग्रेजी साहित्य का सम्पर्क आदि अनेक कारणों से साहित्य के अनेक रूपों के साथ निबन्ध रूप का भी आविर्भाव हुआ है।

अतः निबन्धकारों की दृष्टि से हिन्दी निबन्ध साहित्य के विकास को क्रम से भारतेन्दु युग, द्विवेदी युग, शुक्ल युग, शुक्लोत्तर युग, वर्तमान युग या अद्यतन युग के रूप में विभक्त किया जा सकता है—

1. भारतेन्दु युग	: (प्रादुर्भाव-काल)	1850-1900 ई.
2. द्विवेदी युग	: (प्रसार-काल)	1900-1920 ई.
3. शुक्ल युग	: (परिपाक-काल)	1920-1935 ई.
4. शुक्लोत्तर युग	: (उत्कर्ष-काल)	1935-1950 ई.
5. वर्तमान युग	: (नवसंक्रमण-काल)	1950 ई. से अब तक

1. भारतेन्दु युग

निबन्ध का यह युग निबन्ध के आरम्भ का युग था। पूर्व में प्रकट किया गया निबन्ध का प्रारम्भ और उसका प्रोत्साहन भारतेन्दु युग के प्रमुख पत्रों की प्रेरणा से हुआ। 'कवि वचन सुधा', 'हिन्दी प्रदीप', 'ब्राह्मण', 'आनन्द कादम्बिनी', 'हिन्दुस्थान' नामक पत्र-पत्रिकाओं में सर्वप्रथम निबन्ध का स्वरूप प्रकट हुआ। भारतेन्दु स्वयं प्रतिभा सम्पन्न निबन्धकार थे। इन्होंने धर्म, समाज, राजनीति, आलोचना, खोज यात्रा, आत्मचरित आदि अनेक विषयों पर निबन्ध लिखे हैं। उनके समकालीन साहित्यकार किसी-न-किसी पत्र के सम्पादक या लेखक थे। उन सभी में एक विचित्र मस्ती और जिन्दादिली विद्यमान थी। भारतेन्दु जी की प्रेरणा से प्रायः सभी सदस्यों ने निबन्ध लेखन में अपनी प्रतिभा का परिचय दिया। पश्चिमी साहित्य का प्रभाव एवं समसामयिक आवश्यकता तथा प्रेस के आगमन से तथा पत्र-पत्रिकाओं के प्रकाशन के कारण निबन्ध प्रचुर मात्रा में लिखे गए। उनके माध्यम से ही उस युग की परिस्थितियों का चित्रण विशेष रूप से उल्लेखनीय हैं। राजनीतिक, सामाजिक, धार्मिक, आर्थिक तथा आध्यात्मिक विषयों पर गम्भीरतापूर्वक चिन्तन आरम्भ किया गया। निबन्ध की अवधारणा को समृद्धशाली बनाने के लिए भारतेन्दु

हरिश्चन्द्र, पं. बालकृष्ण भट्ट, बालमुकुंद गुप्त, प्रतापनारायण मिश्र, राधाचरण गोस्वामी, बदरीनारायण चौधरी 'प्रेमघन', लाला श्रीनिवासदास और जगमोहन सिंह प्रमुख हैं। इस युग के अधिकतर निबन्धकार किसी-न-किसी पत्रिका से सम्बद्ध थे या उसके सम्पादक रहे। स्वयं भारतेन्दु ने 'हरिश्चन्द्र मैगजीन' और 'कवि वचन सुधा' आदि पत्रिकाओं से ही निबन्ध विधा का ढाँचा प्रस्तुत किया। बालकृष्ण भट्ट ने 'हिन्दी-प्रदीप' पत्रिका द्वारा हिन्दी निबन्ध को विषय, भाषा एवं अभिव्यक्ति की दृष्टि से उज्ज्वलतम रूप प्रदान किया। विद्वानों ने इन्हें हिन्दी का 'स्टील' और 'एडीसन' कहा है। पं. प्रतापनारायण मिश्र ने तो अपनी लेखनी से हिन्दी निबन्ध में 'जिन्दादिली' की कलात्मकता भर दी। 'ब्राह्मण' पत्रिका में प्रकाशित उनके निबन्ध इस बात के स्पष्ट प्रमाण हैं। इसी तरह बदरीनारायण चौधरी 'प्रेमघन' भी 'आनन्द कादम्बिनी' पत्रिका के सम्पादक थे।

यह युग हिन्दी निबन्धों के लिए आरम्भिक और प्रायोगिक अवस्था का था। इस समय के निबन्धों में भाव, विचारों का तीखा स्वच्छन्द-प्रवाह, तेजस्विता, जिन्दादिली, मनोविनोद, नूतन रूपक, उपालम्भ, हास्य-व्यंग्य, समस्या का गम्भीर विवेचन, उदारवादी भाषा, दृष्टिकोण, रोचकता और सरलता जैसे गुणों का समावेश प्राप्त होता है। मधुर व्यंग्य के माध्यम से निबन्धकार समाज की स्थिति का स्पष्ट चित्र सहज ही प्रस्तुत कर देते थे। प्रारम्भिक उत्थान के निबन्धकारों ने अपने निबन्धों के अन्त में निष्कर्ष निकालकर शिक्षा के पूर्ण निर्देश और उपदेश भी दिये हैं। हिन्दी गद्य की भाषा यद्यपि प्रारम्भिक काल में शिथिल और व्याकरण दोष से युक्त थी फिर भी इसमें मुहावरे, लोकोक्तियों, तत्सम, तद्भव और अरबी, फारसी, उर्दू के शब्दों की अधिकता थी। भारतेन्दु के अनेक निबन्धों में ब्रज और ग्रामीण बोली के शब्दों का प्रचुर प्रयोग मिलता है।

2. द्विवेदी युग

हिन्दी निबन्ध का द्वितीय उत्थान काल 'नागरी प्रचारिणी' पत्रिका तथा 'सरस्वती' के प्रकाशन से प्रारम्भ होता है। इसमें निबन्ध साहित्य ने विषय-विस्तार के साथ अपने आयाम भी विस्तृत किये। वस्तुतः हिन्दी गद्य के उन्नायक आचार्य महावीरप्रसाद द्विवेदी के साथ ही निबन्ध साहित्य का व्यापक विस्तार हुआ है और विचारात्मक, भावात्मक, वर्णनात्मक, विवरणात्मक आदि प्रकार के निबन्ध लिखे गये। आचार्य द्विवेदी ने सन् 1903 से 'सरस्वती' पत्रिका का सम्पादन सँभाला। उन्होंने अपने सम्पादकत्व में अनेक प्रकार के उपयोगी, ज्ञानविषयक, ऐतिहासिक, पुरातत्त्व, समीक्षा सम्बन्धी निबन्ध और लेख स्वयं लिखे और अन्य निबन्धकारों को प्रेरणा दी। उन्हें

व्याकरण सम्मत हिन्दी भाषा का ज्ञान कराया। आचार्य द्विवेदी ने हिन्दी गद्य की अनेक शैलियों का प्रवर्तन किया और भाषा को शुद्ध और संस्कारित कर एक प्रौढ़ता प्रदान की। गद्य के इस काल को इसलिए द्विवेदी काल की संज्ञा दी गई। अंग्रेजी निबन्धकार श्री बेकन के निबन्धों का हिन्दी अनुवाद 'बेकन विचार रत्नावली' से द्विवेदी जी ने किया और उससे अनेक लेखकों को प्रेरणा मिली। इनके निबन्धों पर पाश्चात्य एवं अन्य भारतीय भाषाओं विशेषकर मराठी एवं बंगाली आदि का प्रभाव द्रष्टव्य है।

इस युग के निबन्धकारों में आचार्य महावीरप्रसाद द्विवेदी के अतिरिक्त गोविन्दनारायण मिश्र, बालमुकुन्द गुप्त, डॉ. रघुवीर सिंह, सरदार पूर्णसिंह, चन्द्रधर शर्मा गुलेरी, बाबू श्यामसुन्दरदास, पद्मसिंह शर्मा, पं. माधव प्रसाद मिश्र, गणेश शंकर विद्यार्थी, सियारामशरण गुप्त, गोपालराम गहमरी, मिश्रबन्धु, जगन्नाथप्रसाद चतुर्वेदी आदि की गणना की जाती है। इस काल में निबन्ध प्रमुखतया साप्ताहिक, पाक्षिक या पत्रों के लेखों, पुस्तकों की भूमिकाओं और पुस्तकों के रूप में प्रस्तुत है।

द्विवेदी युग को राष्ट्रीय जागरण और भाषा के परिष्कार का युग कहा गया है। वास्तव में इस युग में विश्व प्रेम, सामाजिक एकता, भारत और पश्चिम के सम्पर्क, अतीत गौरव आदि पर अनेक लेख और निबन्ध लिखे गये। इस काल के विचारों में गम्भीरता और भाषा में परिष्कार की अभिरुचि दृष्टिगत होती है। हिन्दी गद्य के विकास के साथ निबन्धों की परिभाषा सशक्त और प्रांजल रूप में हमारे सामने आती है। इसमें समालोचन, अनुशीलन एवं गम्भीर वृत्तियों का समावेश हुआ। नये दृष्टिकोणों से इसके दायरे फैलते गये। विषय-विश्लेषण का सन्तुलन, ओजस्विता, विविधता, पाण्डित्यपूर्ण अभिव्यक्ति, उपदेशात्मकता, अत्युक्ति-प्रियता, सम्भाषण प्रधान प्रभावपूर्ण शैली इस युग के निबन्धों की विशेषता रही है। इन दिनों समीक्षात्मक, वैज्ञानिक और पारिभाषिक विषयों पर बड़ी मात्रा में लिखा गया है।

इस युग की महत्त्वपूर्ण देन और विशिष्टता भाषा का व्याकरण शुद्ध रूप एवं परिमार्जिक भाषा-शैली का परिष्कार है। द्विवेदी जी ने भाषा के संस्कार के साथ उच्चकोटि की निबन्ध रचना भी की है। उन्होंने ऐसे कई लेखकों को प्रोत्साहित किया जिन्होंने व्याकरण-भाषा, शब्दकोश और रचना-कला-कौशल्य पर ग्रन्थ लिखे। संस्कृतनिष्ठ प्रवाहपूर्ण भाषा, भावनाओं का वेग, ओज की शक्ति एवं व्यंग्यात्मकता इस युग के निबन्धों की अपनी गुण सम्पत्ति रही है।

3. शुक्ल युग

द्विवेदी युग के अन्तिम समय में पूर्ववर्ती स्थूलता के स्थान पर आन्तरिक सूक्ष्मता के अंकुर प्रस्फुटित होने लगे। इस वर्ग के निबन्धकारों में सर्वाधिक ओजस्वी और प्रखर

व्यक्तित्व आचार्य रामचन्द्र शुक्ल का है। उन्होंने द्विवेदी युग में लेखन प्रारम्भ कर दिया था किन्तु उनके निबन्धों की मूल चेतना इस युग की तुलना में विशिष्टता लिए हुए थी। उनके भाव और मनोविकार सम्बन्धी निबन्ध तथा साहित्यशास्त्रीय निबन्धों ने जो नया आदर्श सम्मुख रखा उसके आधार पर हिन्दी निबन्ध साहित्य के इतिहास में 1920 ई. के बाद 1940 ई तक का समय 'शुक्ल युग' का जाना जाता है। उन्होंने निबन्धों में वैयक्तिक अभिव्यंजनाओं को स्थान देते हुए उन्हें गुरु गम्भीर और उच्चस्तरीय अध्ययन-मनन के योग्य स्तर तक ले जाने का कार्य किया है। आचार्य शुक्ल गम्भीर विचार, सैद्धान्तिक समीक्षा और विनोदी स्वभाव के व्यक्ति थे। उनके निबन्धों के विषय विचारपूर्ण और चिन्तन प्रधान रहे हैं। वे सूत्रों के माध्यम से अपने विचार की अभिव्यक्ति करने में सफल माने जाते हैं। उनके निबन्धों में सिद्धान्त के प्रति आग्रह और उनके विवेचन के प्रति कौतूहल का भाव सदा बना रहता है। कुछ विद्वान उन्हें निगमन शैली के निबन्धकार मानते हैं किन्तु उनके निबन्धों में मस्तिष्क और हृदय अर्थात् बुद्धि और भावना का जितना सुन्दर समन्वय हुआ है उतना अन्यत्र प्राप्त नहीं हुआ। इन्होंने अपनी प्रतिभाशाली लेखनी से हिन्दी निबन्ध में बौद्धिकता, पाण्डित्य, गहनता, गाम्भीर्य, विचारों की प्रौढ़ता एवं साहित्यिक चिन्तन, मननशीलता के नूतन आयामों की सृष्टि की है। एक ओर उन्होंने साहित्यिक विषयों पर समीक्षात्मक ढंग से निबन्ध लिखे तो दूसरी ओर 'उत्साह', 'करुणा', 'क्रोध', 'लज्जा और ग्लानि,' 'ईर्ष्या' आदि मनोवैज्ञानिक विषयों पर अत्यन्त सरस किन्तु ज्ञान-गम्भीर निबन्धों का सृजन किया। अतः उनके निबन्धों को दो भागों में बाँटा जा सकता है—1. भाव या मनोभावों पर लिखे गये निबन्ध और 2. समीक्षात्मक निबन्ध। यह सभी निबन्ध 'चिन्तामणी' भाग 'एक और दो' में संगृहीत हैं। उनके निबन्धों के बारे में कहा जाता है कि उन्होंने निबन्ध कला को उस ऊँचाई पर पहुँचा दिया जहाँ से देखने पर पूर्ववर्ती अधिकांश लेखक बौने प्रतीत होते हैं और सच तो यह है कि निबन्धकार के रूप में वे अब भी अद्वितीय हैं। इसका मुख्य कारण उस काल में हिन्दी को विश्वविद्यालय में उच्च अध्ययन के लिए स्थान प्राप्त करा देना भी महत्त्वपूर्ण था। अतः आचार्य शुक्ल ने गम्भीर पद्धति के परिचायक निबन्ध लिखे हैं। शुक्ल युग के अन्य निबन्धकार बाबू गुलाबराय, पदुमलाल पुन्नालाल बख्शी, सियारामशरण गुप्त, माखनलाल चतुर्वेदी, पाण्डेय बेचन शर्मा 'उग्र', डॉ. रघुवीर सिंह, वियोगी हरि, राय कृष्णदास, बालकृष्ण शर्मा नवीन, वासुदेवशरण अग्रवाल, शान्तिप्रिय द्विवेदी, प्रेमचन्द, जयशंकर प्रसाद, जैनेन्द्रकुमार आदि उल्लेखनीय हैं।

बाबू गुलाबराय ने साहित्यिक, मनोवैज्ञानिक और संस्मरणात्मक सभी प्रकार के

निबन्ध लिखे हैं। इन निबन्धों में वैयक्तिकता, अनुभूति की गहनता और शैली सुबोध तथा समन्वयात्मक है। पदुमलाल पुन्नालाल बख्शी के विचारों में मौलिकता और शैली में नवीनता है। वासुदेवशरण अग्रवाल ने भारतीय संस्कृति पर गवेषणात्मक निबन्ध लिखे हैं और उनमें विचारों की गहनता है। डॉ. रघुवीर सिंह ने ऐतिहासिक निबन्ध लिखे हैं जिन्हें पढ़ने में काव्य-सा आनन्द प्राप्त होता है। रायकृष्णदास, वियोगी हरि और शान्तिप्रिय द्विवेदी के निबन्धों में भावात्मकता की प्रधानता है। बालकृष्ण शर्मा 'नवीन' के निबन्धों में भाव, विचारों का ओज एवं राष्ट्रीयता के तत्त्व उनकी अपनी विशेषता रही है। इस युग के निबन्धकारों ने संस्कृत साहित्य के अतिरिक्त अंग्रेजी एवं अन्य यूरोपीय भाषाओं की प्रवृत्तियों को भी आत्मसात कर हिन्दी-निबन्ध के लिए नई दिशाओं का प्रस्फुटन किया है। वस्तुतः यह युग हिन्दी निबन्ध का उत्कर्षकाल है। संस्कृत और अंग्रेजी काव्यशास्त्र का अध्ययन-विश्लेषण कर अनेक ऐसे शब्द गढे गए जो हिन्दी की प्रकृति में पच गए। विचारपूर्ण गहन-गम्भीर विषयों की तुलना में सांस्कृतिक तथा सामाजिक विषयों पर अपेक्षा से कम निबन्ध लिखे गए। आचार्य शुक्ल तथा अन्य प्रतिभासम्पन्न निबन्धकारों के आधार पर इस युग को निबन्ध का 'स्वर्ण युग' कहा जाता है।

4. शुक्लोत्तर युग

यह युग हिन्दी निबन्ध साहित्य का प्रसारण काल है। एक प्रकार से यह निबन्धों का चरमोत्कर्ष काल सिद्ध हुआ है। समसामयिक विभिन्न विषयों, भाषाओं और पद्धतियों का गम्भीर अनुशीलन एवं परीक्षण करके प्रारूप तथा शैली के अनेक नूतन प्रयोगों में क्रियान्वित होकर अपनी आभा आलोकित कर रहा है। विविध कोटि के निबन्ध और लेखों से इसकी बहुमुखी उन्नति हो रही है। गद्य विधाओं के साथ समाचार-पत्रों, पत्रिकाओं, पुस्तकों और वक्तव्यों द्वारा यह विधा सर्वाधिक प्रबल एवं प्रमुख माध्यम बन चुकी है। इस युग में आचार्य रामचन्द्र शुक्ल की गद्य शैली का व्यापक प्रभाव लक्षित होता है। इस काल में विचारात्मक निबन्धों से अधिक समीक्षात्मक निबन्ध अधिक लिखे गये हैं। व्यक्तित्व व्यंजक निबन्धों की संख्या काफी बड़ी है। संस्मरण, रेखाचित्र, यात्रावर्णन, रिपोर्ताज आदि का समावेश भी निबन्ध विधा में हुआ है। फिर भी संस्मरण, रेखाचित्र आदि की अपनी शिल्पगत विशेषताएँ भी हैं। रेखाचित्र और रिपोर्ताज अपनी वस्तुनिष्ठता में संस्मरण की व्यक्तिनिष्ठता से अलग हो जाता है। निबन्ध में, व्यक्तिव्यंजक निबन्धों में, किसी-न-किसी तरह इन सभी का समावेश हो जाता है। इस युग में इतिहास के बदल जाने पर महापुरुषों के संस्मरणों द्वारा अनेक मानवीय गुणों पर प्रकाश डाला

गया। लेकिन ज्यों-ज्यों प्रतिभा भंजन की प्रक्रिया आगे बढ़ती गयी, त्यों-त्यों लोगों की दृष्टि लघु मानव की ओर भी गयी। संस्मरणों में आदमी की बुनियादी इंसानियत को उजागर करने का प्रयास भी किया गया है। इसी समय अंग्रेजी से मराठी में एक नई निबन्ध शैली का विकास हुआ, जिसे ललित निबन्ध की संज्ञा दी गयी। यह शैली भी हिन्दी में अपनायी गयी। इसका प्रारम्भ आचार्य हजारीप्रसाद द्विवेदी के 'अशोक के फूल' निबन्ध संग्रह से माना जाता है। इस नई लहर ने हिन्दी के निबन्ध-सागर को और भी सस्य-श्यामला प्रदान की। इसी से स्वतन्त्रता प्राप्ति के बाद हिन्दी निबन्ध लालित्य और व्यक्तिप्रधानता की ओर बढ़ा है। व्यंग्य और अधिक मधुर हो गया है। व्यंग्य से भाषा बोझिल हुई, परन्तु भावों को प्रकट करने की अपूर्व शक्ति इन निबन्धों में समाहित हुई। दूसरी ओर चिन्तन और लालित्य दोनों का सुगम सामंजस्य दिखाई दिया।

वर्तमान युग में ललित निबन्धों की जो परम्परा दिखाई देती है उसका सूत्रपात शुक्ल युगीन निबन्धकारों से है। ललित निबन्धों की परम्परा में शब्द लालित्य का बड़ा महत्त्व रहा है। विषय को विस्तार दिये बिना अपनी संक्षिप्त अभिव्यक्ति शैली में शब्दों का सुन्दर संयोजन कर लेखक अपनी बात कहता है कि विषय विवेचन में एक अतिरिक्तता, मोहकता उत्पन्न होती है। क्रमशः ललित निबन्धों की शैली में परिमार्जन होता गया और भाषा युग सन्दर्भ में बदलती गयी जो निबन्धों की समृद्ध परम्परा को नूतन परिमार्जन देती है। इस ललित निबन्धों को समृद्ध करने का प्रयास अनेक लेखकों ने किया है—पं. सूर्यकान्त त्रिपाठी 'निराला, महादेवी वर्मा, हजारीप्रसाद द्विवेदी, रामधारी सिंह दिनकर, शिवपूजन सहाय, सद्गुरु शरण अवस्थी, चतुरुसेन शास्त्री, सुमित्रानन्दन पंत, राहुल सांकृत्यायन, बनारसीदास चतुर्वेदी, आचार्य नन्ददुलारे वाजपेयी, विद्यानिवास मिश्र, कुबेरनाथ राय, रामवृक्ष बेनीपुरी, डॉ. शान्तिप्रिय द्विवेदी, डॉ. रामकुमार वर्मा, प्रभाकर माचवे, इलाचन्द्र जोशी, अज्ञेय, डॉ. भगीरथ मिश्र, विवेकीराय आदि उल्लेखनीय हैं।

5. वर्तमान युग

वर्तमान युग निबन्ध काल के चरम विकास का युग है। इस युग में निबन्ध का विषय और शिल्प दोनों दृष्टियों से पर्याप्त विकास हुआ है। इस युग में वैज्ञानिक, आर्थिक, राजनीतिक, समाजशास्त्रीय विषयों तथा पर्यावरण समस्या पर पर्याप्त निबन्ध लिखे गये। इस युग में मुख्यतः यथार्थवादी जीवन दृष्टि और भौतिकवादी मनोवृत्ति क्रमशः बलवती होती गयी।

आधुनिक शिक्षा प्रसार के फलस्वरूप पाठकों की संख्या बढ़ी और साहित्य क्षेत्र

विस्तृत हुआ। जीवन की कठोर संघर्षमयता तथा मानव व्यस्तता के परिणामस्वरूप पाठक को मनोरंजनार्थ सरस साहित्य की आवश्यकता महसूस हुई, तो एक ओर हास्य-विनोद के निबन्धों को व्यंग्य के माध्यम से प्रस्तुत किया गया, तो दूसरी ओर ललित निबन्ध का जोर भी बढ़ा। हरिशंकर परसाई ने लघु निबन्ध एवं व्यंग्य-विनोद में अच्छी ख्याति प्राप्त की है। इसी तरह श्रीलाल शुक्ल, रवीन्द्रनाथ त्यागी, लक्ष्मीकान्त झा, शरद जोशी और शंकर पुणतांबेकर के अधिकांश निबन्ध व्यंग्यात्मक हैं। वैज्ञानिक विषयों पर डॉ. गुणाकर मुले तथा राजीव गर्ग ने कई निबन्ध लिखकर हिन्दी निबन्ध साहित्य को समृद्ध किया। अतः हिन्दी निबन्ध आज भी अपने उत्कर्ष पथ पर अग्रसर है और वर्तमान समय में उत्कृष्ट कोटि के निबन्धकार डॉ. दामोदर खडसे जैसे इसमें योगदान दे रहे हैं।

प्रस्तुत संकलन

इस संकलन में हमारा यह प्रयास रहा है कि भारतेन्दु-युग से लेकर वर्तमान युग तक के प्रतिनिधि लेखकों के निबन्ध संगृहीत हों। हमारी युवा-पीढ़ी में राष्ट्रीय, सांस्कृतिक चेतना, साहित्यिक रूचि, वैज्ञानिक तार्किक शक्ति, पर्यावरण जाग्रति आदि का उद्‌भव एवं बोध हो। निबन्धों के साथ ऐतिहासिक, सांस्कृतिक, संस्मरण, गवेषणाएँ और नव-जीवन की संवेदनाओं से परिपूर्ण रोचक-लेख एवं हास्य-व्यंग्य रचनाओं को भी समाहित किया है। चयन के समय युवा पीढ़ी में जीवन के रचनात्मक तत्त्वों का संवर्द्धन करने वाले ज्ञानवर्द्धक एवं उत्साह वृद्धि की दृष्टि से निबन्धों की विशेष योजना की गयी है। आशा है कि अध्यापक, छात्रगण एवं पाठक तथा अध्येता इस खुशबूदार 'निबन्ध निदर्श' चयन संकलन का सहर्ष स्वागत करेंगे।

अनुक्रम

नन्ददुलारे बाजपेयी

(जन्म 1906, निधन 1976) शुक्लोत्तर युग के प्रख्यात समीक्षक थे। इनको छायावादी कविता के शीर्षस्थ आलोचक के रूप में मान्यता प्राप्त है। हिन्दी साहित्य : बींसवीं शताब्दी, जयशंकर प्रसाद, प्रेमचन्द, आधुनिक साहित्य, नया साहित्य : नये प्रश्न इनकी प्रमुख आलोचना पुस्तकें हैं।

नन्द दुलारे वाजपेयी जन्म भाद्रपद कृष्ण 15 सम्वत 1963 को गोवर्धन लाल वाजपेयी जी व माता जनक दुलारी वाजपेयी जी के आनन्द भवन में हुआ था। उनका विवाह श्रीमती सावित्री देवी से 1925 के जनवरी महा में हुआ था। उस समय वाजपेयी जी लगभग 18 वर्ष के थे। सन 1936 में उनके प्रथम पुत्र का जन्म हुआ। इसके बाद 1941 में पुत्री व 1945 पुर्ण दुसरे पुत्र का जन्म हुआ। बड़े बेटे स्वस्ति कुमार वाजपेयी जो पेशे से डॉक्टर थे। आप का विवाह पटना में हुआ। बेटी पदमा का विवाह इलाहाबाद में पं. उमा शंकर जी शुक्ल के बेटे करूण शंकर जी सें हुआ था। वे जम्बु मे स्टील सिटी प्लान्ट में जनरल मेंनेजर थे। छोटे बेटे सूनृत जी का जन्म 14.1. 1945 में मक्रर संक्राति को काशी में हुआ था। आप ने सागर विश्व विधालय से हिन्दी में विशेष योग्ता प्राप्त की साथ ही डॉ. जय प्रकाश के अडर में आचार्य नन्द दुलारे वाजपेयी का निधन 21.08.1976 को हुआ।

साहित्य और सामाजिक प्रगति

नन्ददुलारे वाजपेयी

साहित्य और सामाजिक जीवन का क्या सम्बन्ध है, यह प्रश्न आज एक विशेष प्रयोजन से पूछा जाता है। वर्तमान भारतीय समाज एक ऐसी अवस्था पर पहुँच गया है, जिसके आगे अज्ञात सम्भावनाएँ छिपी हुई हैं। विशेषतः हमारे शिक्षित नवयुवकों के लिए यह क्रांति की घड़ी है। सब ओर से हमारी दृष्टि खिंचकर इसी प्रश्न की ओर आ लगी है। साम्राज्यशाही का बोझ असह्य हो गया है और आर्थिक वैषम्य का नग्न नृत्य देखा नहीं जाता। इसी आवेग में हम बार-बार पूछते हैं—साहित्य और समाज का क्या संबंध है?

सुप्रसिद्ध अर्थशास्त्री मार्क्स ने हमारी स्थिति और भी स्पष्ट कर दी है। उसने हमारे लिए सोचने को कुछ रखा ही नहीं। मार्क्स ने अर्थ-योजना को लेकर जो सिद्धांत उद्घाटित किया, उसका अलग-अलग क्षेत्रों में अनेकमुखी प्रसार हुआ। साहित्य-क्षेत्र भी आज मार्क्सवादी विचारों से पूर्णतः प्रभावित है। ऐसी अवस्था में साहित्य के सामाजिक आधार का प्रश्न पुनः-पुनः उठकर शंका उत्पन्न करता है कि हम साहित्य को किसी मतवाद के घेरे में तो नहीं डाल रहे।

हम यह जानते हैं कि भारतवर्ष में आज का मुख्य प्रश्न राजनीतिक और आर्थिक है। हम यह भी मानते हैं कि मार्क्स के सिद्धान्त बड़ी हद तक वैज्ञानिक हैं और भारतीय स्थिति पर भी लागू होते हैं। हम यहाँ तक मानने को तैयार हैं कि आज के साहित्यिक का प्रधान कर्तव्य मार्क्स के सुझाए हुए वर्ग-संघर्ष में अपने पक्ष का ज्ञान और निर्णय कर लेना है; किंतु यह सब होते हुए भी हम नहीं मान सकते कि साहित्य की अपनी स्वतंत्र सत्ता नहीं है, वह किसी सामाजिक मत-विशेष का अनुचरमात्र है।

यदि मार्क्स का सिद्धांत अपनी पूरी कड़ाई के साथ साहित्य-क्षेत्र में स्वीकार कर लिया जाए, तो हमें मान लेना होगा कि हमारे पुराने साहित्य की अब कोई उपयोगिता नहीं रह गई; किंतु यह बात न केवल असंगत है, एकदम असत्य भी है। इसका मुख्य कारण यह है कि साहित्य परिवर्तनशील वस्तु-व्यापार में केंद्रित विचारधारा मात्र नहीं है, वह जीवन के मार्मिक और स्थायी स्वरूपों का जीता-जागता

चित्र है। साहित्य सामाजिक इतिहास का अंग नहीं है, वह उसका गतिमान स्मारक है। समाज और इतिहास के बदल जाने पर भी स्मारक नहीं बदला करता। फिर साहित्य समाज की श्रेष्ठतम संस्कृति का द्योतक है—मानवता की स्थायी निधि है। इन सबके अतिरिक्त वह एक स्वतंत्र कलावस्तु है। वाणी और मानव-भावना का साकार वैभव है।

यह ठीक है कि कविता भी एक सामाजिक प्राणी है, इतिहास की इकाई है। वह भी समय और उसकी सामूहिक प्रेरणा द्वारा संचालित होता है। कवि के व्यक्तिगत और सामाजिक जीवन के संस्कार उसके काव्य पर भी पड़ते हैं; किंतु कविता उन संस्कारों का संग्रहमात्र नहीं है। कविता समय और समाज के घेरे में बँधे हुए कवि की स्वतंत्र जीवन-कल्पना है। वह उसकी असाधारण अनुभूति है। साधारण जीवन-वस्तु से उसकी तुलना नहीं की जा सकती। कवि जितना ही महान होगा, उसकी कल्पना समय के स्थूल प्रभावों से उतनी ही निरपेक्ष होगी।

किसी भी युग के, किसी भी शैली के, संसार के किसी भी देश के किसी श्रेष्ठ कवि को उदाहरणस्वरूप ले लीजिए, उपर्युक्त तथ्य का प्रमाण मिल जाएगा; किंतु आज हमारे देखने में ऐसे समीक्षक और लेखक आ रहे हैं, जो मार्क्सवाद की स्थूल दृष्टि से काव्य की समीक्षा करते हैं और काव्य की रचना भी। मार्क्सवाद हो या कोई वाद हो, वह काव्य की कसौटी नहीं बन सकता। वह काव्य की प्रेरक शक्तियों को, समय को और सामाजिक कर्तव्य को समझने में सहायक हो सकता है; किंतु काव्य का नियामक नहीं बन सकता।

काव्य के अपने क्षेत्र पर समय-समय पर अनके वादों के हमले हुए हैं। कभी धर्म ने उस पर आक्रमण किया, कभी दर्शन ने और कभी अध्यात्म ने। कभी किसी विज्ञान ने उस पर अधिकार प्राप्त करना चाहा; कभी किसी वाद की भरमार रही, कभी किसी की। सबने अपनी-अपनी ओर खींचकर काव्य के अपने स्वरूप को विकृत करना चाहा। उसके स्वच्छ स्वरूप पर कई प्रकार के धब्बे डाल दिये। आज मार्क्सवाद भी कुछ इसी प्रकार का उपक्रम कर रहा है। यह कोई नई बात नहीं है।

काव्य की अपनी सत्ता पर चोट करने वाले इन सभी वस्तु-व्यापारों से हमें सावधान रहना होगा; किंतु इसका यह मतलब नहीं कि हम धर्म, दर्शन, अध्यात्म, विज्ञान अथवा किसी भी मानव-विद्या का तिरस्कार करते हैं और काव्य में उसका प्रवेश-निषेध चाहते हैं। इन्हीं विद्याओं के आधार पर तो जीवनतत्व का निर्माण होता है। इसकी उपेक्षा कवि कर ही कैसे सकता है! यदि वह इनकी उपेक्षा करेगा तो उसकी कविता में रह ही क्या जाएगा—जीवन-निरपेक्ष रस, कोरा अलंकार और शब्दाडंबर। कविता के लिए कविता और कला के लिए कला। इससे बढ़कर भ्रामक वस्तु और क्या होगी!

तात्पर्य यह कि हम साहित्य से समाज का, सामाज़िक जीवन का, सामाजिक विचारधाराओं का—वादों का, संबंध मानते हैं; किंतु अनुवर्ती रूप में। साहित्य की अपनी सत्ता के अंतर्गत उसके निर्माण में इनका स्थान है। ये उसके उपादान और हेतु हुआ करते हैं, नियामक और अधिकारी नहीं। साहित्य की अपनी स्वतंत्र सत्ता है, यद्यपि वह सत्ता जीवन-सापेक्ष है। जीवन-निरपेक्ष कला के लिए कला भ्रांति है, जीवन-सापेक्ष कला के लिए कला सिद्धान्त है। संक्षेप में यही हमारी स्थिति है।

काव्य या साहित्य के अनेक विभाग हैं। गद्य और पद्य, दृश्य और श्रव्य। उसके अनेक उपविभाग हैं—उपन्यास और आख्यायिका, निबंध और प्रबंध, महाकाव्य-खंडकाव्य, आख्यानक और मुक्तक, नाटक और उसके अनेक भेद। इनका सबका अलग-अलग इतिहास है। देश-भेद से इनकी अलग-अलग प्रकृति है। समाज-भेद से इनका नया-नया विकास है। किन्हीं दो व्यक्तियों की रचना एक-सी नहीं होती। इन असंख्य भेदों के रहते हुए भी कविता कविता है, साहित्य साहित्य है। बाह्य बहुरूपता में एक अंतरव्यापिनी एकता है। इसी एकता की खोज साहित्य-तत्व की खोज है।

कविता क्या है—यह प्रश्न अब यहाँ उपस्थित है। काव्य तो प्रकृत मानव-अनुभूतियों का, नैसर्गिक कल्पना के सहारे, ऐसा सौंदर्यमय चित्रण है, जो मनुष्यमात्र में स्वभावतः अनुरूप भावोच्छ्वास और सौंदर्य-संवेदन उत्पन्न करता है। इसी सौंदर्य-संवेदन को भारतीय पारिभाषिक शब्दावली में 'रस' कहते हैं, यद्यपि यह स्वीकार करना होगा कि 'रस' का हमारे यहाँ दुरुपयोग भी कम नहीं किया गया। ऊपर की व्याख्या से हम काव्य या साहित्य-मात्र के संबंध में कतिपय निष्कर्षों पर पहुँच सकते हैं। प्रकृत मानव-अनुभूति एक सार्वजनिक वस्तु है; इसमें वे कृत्रिम अनुभूतियाँ सम्मिलित नहीं है, जिनकी शिक्षा कुछ विशेष व्यक्तियों या वर्गों द्वारा को दी जाती है, जिससे सांप्रदायिक काव्य का निर्माण होता है। इन अनुभूतियों का चित्रण जिस नैसर्गिक कल्पना के सहारे होता है, उसकी सद्‌भाविका कवि की प्रतिभा होती है। यह कल्पना जितनी ही नैसर्गिक और प्रशस्त होगी, उतने ही उन्नत काव्य का सृजन करेगी, उतनी ही चित्रण की सौंदर्यमयता बढ़ जाएगी और उतना ही समुन्नत और प्रगाढ़ उसका संवेदन होगा। सार्वजनीन होने के कारण ही यह सौन्दर्य-तत्व नित्य और शाश्वत है। एक ही कविता सैकड़ों-हजारों वर्ष के बाद भी वही सौंदर्य-चेतना उत्पन्न करती है, जो उसने आरम्भ में उत्पन्न की थी।

अवश्य कविता सार्वजनीन और शाश्वत वस्तु है; किंतु कवि के व्यक्तिगत विकास और संस्कार के अनुसार उसकी सौंदर्यानुभूति की शक्ति, मात्रा और कीमतीपन में अंतर हुआ करता है। और उन अनुभूतियों का व्यक्त करने की सामर्थ्य या योग्यता भी कम या अधिक हुआ करती है। इन सारी वस्तुओं का परिचय हमें

कवि की उस रचना से ही प्राप्त होता है, इसलिए काव्य-विवेचन में या अभिव्यक्ति ही सब कुछ है। वास्तव में काव्य के उत्कर्ष या अपकर्ष की परीक्षा इन्हीं विशेषताओं के आधार पर की जा सकती है। यों, व्यावहारिक विभाग के लिए हम महाकाव्य, गीतकाव्य, उपन्यास, आख्यायिका और नाटक आदि के विभाग करते हैं। उनके विभिन्न तत्वों का, इतिहास और सामाजिक विकासक्रम में उनके परिवर्तित स्वरूपों का, अध्ययन करते हैं; किंतु काव्य-साहित्य का तात्विक मूल्य तो प्रथम वर्गीकरण में ही है।

अब यह पूछा जा सकता है कि कविता यदि शाश्वत वस्तु है, तो उस पर देश-काल आदि की बदलती हुई स्थितियों और विचारधाराओं का क्या कुछ भी प्रभाव नहीं पड़ता? यह पहेली ऊपर से जितनी संदिग्ध जान पड़ती है, वास्तव में वह उतनी है नहीं। देश, काल और वातावरण का प्रभाव प्रत्येक व्यक्ति और समाज पर पड़ता है। कवि की दृष्टि तो और भी तीव्र और ग्राहिका शक्ति सजग रहती है। इसलिए सच्चे कवि और साहित्यकार प्रायः प्रगतिशील ही हुआ करते हैं। किंतु कवि का कार्य प्रगतिशील होना ही नहीं है। प्रगतिशील सामाजिक प्रेरणाओं, स्वरूपों और प्रवृत्तियों को शाश्वत सौंदर्य-संवेदन का स्वरूप देना उसका कार्य है। आज का प्रगतिशील व्यक्ति कल पिछड़ सकता है; किंतु हृदय के चिरंतन सौंदर्यतारों का स्पर्श करने वाला कवि कभी पिछड़ता नहीं। कालिदास और शेक्सपियर, होमर और मिल्टन, वाल्मीकि और व्यास, सूर, तुलसी और कबीर शताब्दियों पुराने हैं; किंतु उनका काव्य उतना ही मनोरम आज है जितना वह अपने निर्माण के दिन रहा होगा।

पर आज हमें ऐसे समीक्षक भी मिलते हैं जो इन कवियों को अथवा इनमें से कुछ को आज के लिए प्रतिगामी, प्रतिक्रियाशील अथवा पिछड़ा हुआ बतलाते हैं। अवश्य इन समीक्षकों की दृष्टि काव्य पर नहीं है, बल्कि उस सामाजिक संघटन पर है, जिसमें वह काव्य रचा गया था। वे समाज के नए रूपों और विचारों के साथ उन पुराने रूपों और विचारों का मेल किस प्रकार नहीं मिला पाते; किंतु तुलसी, सूर और कबीर की रचना—या किसी भी महान कवि की कृति—में तत्कालीन सामाजिक संघटन का क्या महत्व हैं, और क्या उतने ही तक वह कविता सीमित है, यह आकलन भी इन समीक्षकों को करना चाहिए। ऐसा करने पर उन्हें ज्ञात होगा कि सामाजिक संघटन और विचारधारा का बखेड़ा छोड़ देने पर भी, उन कृतियों में जो बच रहता है, वह सम्मान की वस्तु है। संप्रति हमारे साहित्य में बौद्धिक विचार का प्राधान्य होने के कारण वादों को प्रमुखता मिल रही है; किंतु आशा है, यह ज्वार शांत होने पर काव्य को उसकी नैसर्गिक प्रतिष्ठा प्राप्त होगी।

ऊपर मैंने जो कुछ कहा उसका यह मंतव्य नहीं कि कवि और साहित्यकार बदलते हुए समय और बदलती हुई परिस्थिति के अनुरूप नए विचारों का स्वागत

न करें। मैं कह चुका हूँ कि अपनी तीव्र संवेदनाओं के कारण वे ही नए युग के अग्रदूत और विधायक हुआ करते हैं। नई जीवन-स्थितियाँ उन पर अनिवार्य रूप से प्रभाव डालती हैं और नये ज्ञान को ये आदर के साथ अपनाते हैं। वर्तमान समय में हमारा पुराना सामाजिक और आर्थिक ढाँचा बदल रहा है और नई समस्याएँ सामने आ रही हैं। इनका असर सारी सामाजिक रीति-नीति और प्रथाओं पर पड़ रहा है। इन सबमें परिवर्तन अवश्यंभावी है। कहना तो यह चाहिए कि तीव्र वेग से घटित होने वाले परिवर्तन के फलस्वरूप ही पुरानी व्यवस्था उच्छिन्न हो रही है। नई जीवन-शक्तियों को न पहचानना और प्रगति का साथ न देना, न केवल अदूरदर्शिता होगी, आत्मघात भी कहा जाएगा।

कहा जाता है कि इन परिवर्तनों के साथ-साथ समाज की नैतिक और आध्यात्मिक मर्यादाएँ बदल जाएँगी और काव्य की माप में भी अंतर आ जाएगा। ये दोनों की बातें भ्रमपूर्ण हैं। जहाँ तक उन प्रथाओं का सम्बन्ध है, जो प्रचलित विधि-निषेधों का द्योतन करती हैं, उनका बदल जाना स्वाभाविक है; किंतु उनके कारण हमारी नैतिक और आध्यात्मिक मर्यादा का—हमारे सांस्कृतिक मान का बदल जाना सिद्ध नहीं होता; क्योंकि वह तो हमारी नसों में व्याप्त है। उलट उसकी परीक्षा ही इन परिवर्तनों में होगी। और, काव्य पर इन परिवर्तनों का क्या असर हो सकता है? वह तो अमिट सौंदर्य की सृष्टि है। आप पूछ सकते हैं कि बिना वैज्ञानिक दृष्टि से परिवर्तन के क्रमों का अध्ययन किये बिना नवीन मनोविश्लेषण की जानकारी रखे—संक्षेप में बिना नवीन वादों का आश्रय लिए—हमारा काव्य समय के साथ रह ही कैसे सकता है? इसका सीधा उत्तर यह है कि हम इन अध्ययनों से मुँह नहीं मोड़ना चाहते; किंतु हम वादों से भी अधिक जीवन का—चारों ओर फैल हुए जीवन का—अध्ययन करना चाहते हैं और इस अध्ययन से प्राप्त सुष्ठुतम अनुभूतियों का काव्य-प्रणाली से अभिव्यंजन करना चाहते हैं। इन अनुभूतियों में जीवन का रस और इस अभिव्यंजन में स्वानुभूत सौंदर्य की आभा होगी, इतना ही हमारे लिए अलम् है।

अंतिम प्रश्न काव्य में वादों की स्थिति का है। वाद तो वास्तविक में जीवन-संबंधिनी धारणाओं और प्रवृत्तियों के बौद्धिक निरूपण हैं। प्रत्येक वाद की एक सीमारेखा होती है। प्रत्येक बाद के अंतर्गत समय-समय पर ऐसी जीवन-दृष्टियाँ संघटित होती हैं, जिनसे सामाजिक उन्नति और ह्रास दोनों के संयोग इकट्ठे हो सकते हैं। प्रत्येक वाद में शक्तिमत्ता और दुर्बलता के परमाणु समयानुसार घटते-बढ़ते रहते हैं। किसी भी वाद के साथ न्याय करने के लिए उसकी पारिभाषिक शब्दावली का, उसके अभिप्रेत अर्थ में, युग की ऐतिहासिक प्रगति को ध्यान में रखकर, अध्ययन करना आवश्यक है। बिना इसके वाद के साथ न्याय नहीं हो सकता।

वाद एक स्थूल और परिवर्तनशील जीवन-सृष्टि है। काव्य जीवनव्यापी

अनुभूति है। काव्य और वाद दोनों के स्वरूपों और प्रक्रियाओं में अंतर है। सामाजिक जीवन से दोनों का निष्क्रमण होता है, काव्य का भी और वाद का भी। किन्तु एक ही प्रणाली हार्दिक और व्यक्तिमुखी है, दूसरे की सैद्धांतिक और समूहमुखी। काव्य का कार्य है संवेदना की सृष्टि करना; वाद का कार्य है ज्ञान विस्तार करना। वाद का स्वरूप एकदेशीय है; काव्य का सार्वभौम। वाद की सार्थकता सामाजिक विकास के साथ अग्रसर होने में है; काव्य का सौंदर्य चिरनवीन रहने में है। काव्य का लक्ष्य मानव-स्वभाव और मानवीय भावना के मार्मिक और स्थायी रूपों का चित्रण है! वाद का लक्ष्य है तथ्य -विशेष की बौद्धिक व्याख्या करना। काव्य सूक्ष्म और असाधारण परिस्थितियों में मानव-चरित्र और आचरण की भावमयी झांकी दिखाता है; वह साधारण और असाधारण समस्त परिस्थिति का सामूहिक आधार लेकर चलता है और उसी पर अपना नियम-निरूपण करता है। काव्य-कल्पना एक बार कवि की वाणी का आश्रय लेकर जो रूप-निर्माण करती है, उसकी अनुरूप अनुभूति प्रत्येक सहृदय को सभी देशों और सभी समयों में अनायास ही होगी; किंतु वाद के द्वारा जिस सत्य का एक बार निरूपण होता है, वह नया ज्ञान उपलब्ध होने पर फीका पड़ जाता है—कभी-कभी अर्द्धसत्य या असत्य भी बन जाता है, और तब उस वाद को नये व्यक्तियों द्वारा नया जीवन देने की आवश्यकता होती है; नए सिरे से समझाना होता है, नया संशोधन और नई उपपत्तियाँ रखनी पड़ती हैं। और इतना करने पर भी वह सदैव पुनरुज्जीवित नहीं हो पाता। अस्तु, हम कह सकते हैं कि काव्य और वाद दोनों ही मानव-जीवन से संबद्ध होते हुए भी दोनों का क्षेत्र पृथक है। सहकारी होते हुए भी दोनों की कार्यशैली भिन्न है। प्रक्रिया, लक्ष्य और प्रभाव भिन्न हैं। आशा है, इन दोनों का अंतर अब स्पष्ट हुआ होगा।

हजारी प्रसाद द्विवेदी

भारतीय दर्शन, इतिहास एवं पुरातत्त्व के गम्भीर एवं व्यापक अध्येता हजारी प्रसाद द्विवेदी का जन्म सन् 1901 में ओझावालिया में हुआ। काशी से शिक्षा ग्रहण की तथा 'साहित्यशास्त्राचार्य' की उपाधि से सम्मानित हुए। हिन्दी एवं संस्कृत में तो गहन अभिरुचि रही परन्तु बांग्लाभाषा व साहित्य का भी गहन अध्ययन किया। पर्याप्त समय तक रवीन्द्रनाथ टैगोर के सम्पर्क में शांतिनिकेतन में समय व्यतीत किया अतएव रवीन्द्र विचारधारा का प्रबल प्रभाव पड़ा। साहित्य में मानवतावादी विचारधारा सर्वत्र विद्यमान है क्योंकि इनकी दृष्टि में शास्त्र, कला के सम्मुख मानव जाति के उन्नयन से बड़ा कोई भी लक्ष्य नहीं है। इस लक्ष्य की सिद्धि में भी मानव जाति की सार्थकता है। विद्वान साहित्यकार को आगरा विश्वविद्यालय ने डी.लिट्. की उपाधि से सम्मानित किया। द्विवेदी जी कुशल वक्ता होने के साथ-साथ अनुसंधाता, आलोचक, इतिहास-लेखक, उपन्यासकार एवं सफल निबन्धकार भी रहे।

हजारी प्रसाद द्विवेदी के निबन्धों में उनकी मानवतावादी दृष्टि एवं बहुज्ञता का परिचय स्पष्टतः दृष्टिगोचर होता है। किसी भी विषय का विवेचन एवं विश्लेषण करते हुए उनके मनुष्यता के प्रति आग्रह को देखा जा सकता है। यह आग्रह है–मनुष्य के एकत्व की अनुभूति का आग्रह क्योंकि यही मनुष्य की चरम मनुष्यता है। अतीत विश्लेषण को वे वर्तमान की प्रगति के लिए महत्त्वपूर्ण मानते हैं और वर्तमान को सुन्दर बनाने के लिए इन्हें उपयोग में लाने का आग्रह भी करते हैं। साहित्य एवं भाषा की समस्याओं को लेकर द्विवेदी जी ने बहुत से निबन्ध लिखे। सांस्कृतिक विषयों के प्रति भी आकर्षित होते हुए दिखलाई पड़ते हैं क्योंकि सांस्कृतिक वैभव की चेतना को वह अनिवार्य मानते हैं। भाषा-शैली में भाषण का सा प्रवाह दिखलाई पड़ता है। भाषा में वस्तुतः इनका व्यक्तित्व झलक उठता है। एक ओर संस्कृत का वैभव तो दूसरी ओर लोक-जीवन में अपेक्षित भाषा की सहजता इनके निबन्धों की भाषा की विशिष्टता है। संस्कृत, लोक-जीवन तथा अंग्रेजी-उर्दू सभी को आत्मसात करती हुई भाषा है। इनकी दृष्टि समन्वयात्मक एवं

उदार है। अतएव उसी के अनुकूल सर्वत्र भाषा भी दिखलाई पड़ती है। व्यंग्य का पुट भी मिलता है। सहज प्रतिभा, विद्वत्ता व गहन अध्ययन–सभी द्विवेदी जी के निबन्धों में विद्यमान है।

'गतिशील चिन्तन' में हजारी प्रसाद द्विवेदी ने भारत के अतीत के वैभव एवं वर्तमान दुरवस्था का भावात्मक चित्र प्रस्तुत किया है। एक ओर वे कालिदास के युग में पहुँच जाते हैं तो दूसरी ओर समाजवाद, पेटेंट दवाइयों, मजदूर संगठनों व चुनाव आदि विविध विषयों पर विचार करने लग जाते हैं। आज के लेखक में बद्धमूल 'पराजित मनोभाव' के सत्य को स्पष्ट करते हैं। काव्य-कला तब तक पनप नहीं सकती जब तक समाज में विषमताएँ हैं परन्तु लेखक का विश्वास है कि यह विषम परिस्थितियाँ ही सच नहीं क्योंकि अतीत मरुभूमि नहीं, बल्कि प्रेरणादायी शक्ति है।

कुटज

हजारी प्रसाद द्विवेदी

कहते हैं, पर्वत शोभा-निकेतन होते हैं। फिर हिमालय का तो कहना ही क्या! पूर्व और अपर समुद्र–महोदधि और रत्नाकर–दोनों को दोनों भुजाओं से थाहता हुआ हिमालय 'पृथ्वी का मानदंड' कहा जाय तो गलत क्या है? कालिदास ने ऐसा ही कहा था। इसी के पाद-देश में यह जो शृंखला दूर तक लोटी हुई है, लोग इसे 'शिवालिक' शृंखला कहते हैं? 'शिवालिक' का क्या अर्थ है? 'शिवालिक' शिव के जटाजूट का निचला हिस्सा तो नहीं है। लगता तो ऐसा ही है। 'सपाद-लक्ष' या सवा लाख की मालगुजारी वाला इलाका तो वह लगता नहीं! शिव की लटियाई जटा ही इतनी सूखी, नीरस और कठोर हो सकती है। वैसे, अलकनंदा का स्रोत यहाँ से काफी दूरी पर है, लेकिन शिव का अलक तो दूर-दूर तक छितराया ही रहता होगा। संपूर्ण हिमालय को देखकर ही किसी के मन में समाधिस्थ महादेव की मूर्ति स्पष्ट हुई होगी। उसी समाधिस्थ महादेव के अलकजाल के निचले हिस्से का प्रतिनिधित्व यह गिरि-शृंखला कर रही होगी। कहीं-कहीं अज्ञात-नाम-गोत्र झाड़-झंखाड़ और बेहया-से पेड़ दिख अवश्य जाते हैं, पर कोई और हरियाली नहीं। दूब तक सूख गई है। काली-काली चट्टानें और बीच-बीच में शुष्कता की अंतर्निरुद्ध सत्ता का इजहार करने वाली रक्ताभ रेती! रस कहाँ? ये जो ठिंगने-से लेकिन शानदार दरख्त गर्मी की भयंकर मार खा-खाकर और भूख-प्यास की निरंतर चोट सह-सहकर भी जी रहे, हैं, इन्हें क्या कहूँ? सिर्फ जी ही नहीं रहे हैं, हँस भी रहे हैं। बेहया हैं, क्या? या मस्तमौला हैं? कभी-कभी जो लोग ऊपर से बेहया दिखते हैं, उनकी जड़ें काफी गहरे पैठी रहती हैं। ये भी पाषाण की छाती फाड़कर न जाने किस अतल गह्वर से अपना भोग्य खींच लाते हैं।

शिवालिक की सूखी नीरस पहाड़ियों पर मुस्कराते हुए ये वृक्ष द्वंद्वातीत हैं, अलमस्त हैं। मैं किसी का नाम नहीं जानता, कुल नहीं जानता, शील नहीं जानता, पर लगता है, ये जैसे मुझे अनादि काल से जानते हैं। इन्हीं में एक छोटा-सा–बहुत ही ठिंगना–पेड़ है। पत्ते चौड़े भी हैं, बड़े भी हैं। फूलों से तो ऐसा लदा है कि कुछ

पूछिए नहीं। अजीब-सी अदा है, मुस्कराता जान पड़ता है, पूछ रहा है कि क्या तुम मुझे भी नहीं पहचानते? पहचानता तो हूँ। लगता है अवश्य पहचानता हूँ। लगता है, बहुत बार देख चुका हूँ, पहचानता हूँ। उजाड़ के साथी, तुम्हें अच्छी तरह पहचानता हूँ! नाम भूल रहा हूँ। प्रायः भूल जाता हूँ। रूप देखकर प्रायः पहचान जाता हूँ, नाम नहीं याद आता। पर नाम ऐसा है कि जब तक रूप के पहले ही हाजिर न हो जाय, तब तक रूप की पहचान अधूरी रह जाती है। भारतीय पंडितों का सैकड़ों बार का कचरा-निचोड़ा प्रश्न सामने आ गया–रूप मुख्य है या नाम? नाम बड़ा है या रूप? पद पहले है या पदार्थ? पदार्थ सामने है, पद नहीं सूझ रहा है। मन व्याकुल हो गया; स्मृतियों के पंख फैलाकर सुदूर अतीत के कोनों में झाँकता रहा। सोचता हूँ, इसमें व्याकुल होने की क्या बात है? नाम में क्या रखा है–ह्वाट्स देअर इन ए नेम! नाम की जरूरत ही हो तो सौ दिए जा सकते हैं। सुस्मिता, गिरिकांता, वनप्रभा, शुभ्रकिरीटिनी, मदोद्धता, विजितातपा, अलकावतंसा, बहुत-से नाम हैं। या फिर पौरुष-व्यंजक नाम भी दिए जा सकते हैं–अकुतोभय, गिरिगौरव, कुटोल्लास, अपराजित, धरतीधकेल, पहाड़फोड़, पातालभेद! पर मन नहीं मानता। नाम इसलिए बड़ा नहीं है कि वह नाम है। वह इसलिए बड़ा होता है कि उसे सामाजिक स्वीकृति मिली होती है। रूप व्यक्ति-सत्य है, नाम समाज-सत्य। नाम उस पद को कहते हैं, जिस पर समाज की मुहर लगी होती है, आधुनिक शिक्षित लोग उसे 'सोशल सैंक्शन' कहा करते हैं। मेरा मन नाम के लिए व्याकुल है, समाज द्वारा स्वीकृत, इतिहास द्वारा प्रमाणित, समष्टि-मानव की चित्त-गंगा में स्नात!

इस गिरिकूट-बिहारी का नाम क्या है? मन दूर-दूर तक उड़ रहा है–देश में और काल में–मनोरथानामगतिनं विद्यते! अचानक याद आया–अरे, यह तो कुटज है! संस्कृत साहित्य का बहुत परिचित किन्तु कवियों द्वारा अवमानित यह छोटा-सा शानदार वृक्ष 'कुटज' है। 'कुटज' कहा गया होता तो कदाचित् ज्यादा अच्छा होता। पर नाम इसका चाहे कुटज ही हो, विरुद तो निस्संदेह 'कुटज' होगा। गिरिकूट पर उत्पन्न होने वाले इस वृक्ष को 'कुटज' कहने में विशेष आनंद मिलता है। बहरहाल, यह कुटज-कुटज है, मनोहर कुसुम-स्तवकों से झबराया, उल्लास-लोल चारुस्मित कुटज! जी भर आया। कालिदास ने 'आषाढस्य प्रथमदिवसे' रामगिरि पर यक्ष को जब मेघ की अभ्यर्थना के लिए नियोजित किया तो कम्बख्त को ताजे कुटज पुष्पों की अंजलि देकर ही संतोष करना पड़ा–चंपक नहीं, बकुल नहीं, नीलोत्पल नहीं, मल्लिका नहीं, अरविन्द नहीं–फकत कुटज के फूल! यह और बात है कि आज आषाढ़ का नहीं, जुलाई का पहला दिन है। मगर फर्क भी कितना है! बार-बार मन विश्वास करने को उतारू हो जाता है कि यक्ष तो बहाना मात्र है, कालिदास ही कभी 'शापेनास्तंगमितमहिमा' (शाप से जिनकी महिमा अस्त हो गई हो) होकर रामगिरि

पहुँचे थे, अपने ही हत्थों इस कुटज पुष्प का अर्घ्य देकर उन्होंने मेघ की अभ्यर्थना की थी। शिवालिक की इस अनत्युच्च पर्वत-शृंखला की भाँति रामगिरि पर भी उस समय और कोई फूल नहीं मिला होगा। कुटज ने उसके संतप्त चित्त को सहारा दिया था—बड़भागी फूल है यह। धन्य हो कुटज, 'तुम गाढ़े के साथी' हो। उत्तर की ओर सिर उठाकर देखता हूँ, सुदूर तक ऊँची काली पर्वत-शृंखला छाई हुई है और एकाध सफेद बादल के बच्चे उससे लिपटे खेल रहे हैं। मैं भी इन पुष्पों का अर्घ्य उन्हें चढ़ा दूँ? पर काहे वास्ते? लेकिन बुरा भी क्या है!

कुटज के ये सुंदर फूल बहुत बुरे तो नहीं। जो कालिदास के काम आया हो, उसे ज्यादा इज्जत मिलनी चाहिए। मिली कम है। पर इज्जत तो नसीब की बात है। रहीम को मैं बड़े आदर के साथ स्मरण करता हूँ। दरियादिल आदमी थे, पाया सो लुटाया। लेकिन दुनिया है कि मतलब से मतलब है, रस चूस लेती है, छिलका और गुठली फेंक देती है। सुना है, रस चूस लेने के बाद रहीम को भी फेंक दिया गया था। एक बादशाह ने आदर के साथ बुलाया, दूसरे ने फेंक दिया! हुआ ही करता है। इससे रहीम का मोल घट नहीं जाता। उसकी फक्कड़ाना मस्ती कहीं गई नहीं। अच्छे-भले कद्रदान थे। लेकिन् बड़े लोगों पर भी कभी-कभी ऐसी वितृष्णा सवार होती है कि गलती कर बैठते हैं। मन खराब रहा होगा, लोगों की बेरुखी और बेकद्रदानी से मुरझा गये होंगे—ऐसी ही मनःस्थिति में उन्होंने बिचारे कुटज को भी एक चपत लगा दी। झुँझलाए थे, कह दिया—

वे रहीम अब बिरछ कहँ, जिनकर छाँह गँभीर।
बागन बिच-बिच देखियत, सेंहुड़, कुटज, करीर ॥

गोया कुटज अदना-सा 'बिरछ' हो। 'छाँह' ही क्या बड़ी बात है, फूल क्या कुछ भी नहीं? छाया के लिए न सही, फूल के लिए तो कुछ सम्मान होना चाहिए। मगर कभी-कभी कवियों का भी 'मूड' खराब हो जाया करता है, वे भी गलतबयानी के शिकार हो जाया करते हैं। फिर बागों से गिरिकूट बिहारी कुटज का क्या तुक है!

कुटज अर्थात् जो कुट से पैदा हुआ हो। 'कुट' घड़े को भी कहते हैं, घर को भी कहते हैं। कुट अर्थात् घड़े से उत्पन्न होने के कारण प्रतापी अगस्त्य मुनि भी 'कुटज' कहे जाते हैं। घड़े से तो क्या उत्पन्न हुए होंगे। कोई और बात होगी। संस्कृत में 'कुटहारिका' और 'कुटिकारिका' दासी को कहते हैं। क्यों कहते हैं? 'कुटिया' या 'कुटीर' शब्द भी कदाचित् इसी शब्द से संबद्ध है। क्या इस शब्द का अर्थ घर ही है? घर में काम-काज करने वाली दासी कुटकारिका और कुटहारिका कही ही जा सकती है। एक जरा गलत ढंग की दासी 'कुटनी' भी कही जाती है। संस्कृत में उसकी गलतियों को थोड़ा अधिक मुखर बनाने के लिए उसे 'कुट्टनी' कह दिया गया है। अगस्त्य मुनि भी नारद जी की तरह दासी के पुत्र थे क्या? घड़े से पैदा होने का

तो कोई तुक नहीं है, न मुनि कुटज के सिलसिले में, न फूल कुटज के। फूल गमले में होते अवश्य हैं, पर कुटज तो जंगल का सैलानी है। उसे घड़े या गमले से क्या लेना-देना? शब्द विचारोत्तेजक अवश्य है। कहाँ से आया? मुझे तो इसी में संदेह है कि वह आर्य भाषाओं का शब्द है भी या नहीं। एक भाषा शास्त्री किसी संस्कृत शब्द को एक से अधिक रूप में प्रचलित पाते थे। तो तुरन्त उसकी कुलीनता पर शक कर बैठते थे। संस्कृत में 'कुटज' रूप भी मिलता है और 'कुटच' भी। मिलने को तो 'कूटज' भी मिल जाता है। तो यह शब्द किस जाति का है? आर्य जाति का तो नहीं जान पड़ता। सिलवाँ लेवी कह गये हैं कि संस्कृत भाषा में फूलों, वृक्षों और खेती-बागवानी के अधिकांश शब्द आग्नेय भाषा-परिवार के हैं। यह भी वहीं का तो नहीं? एक जमाना था जब आस्ट्रेलिया और एशिया के महाद्वीप मिले हुए थे, फिर कोई भयंकर प्राकृतिक विस्फोट हुआ और ये दोनों अलग हो गये। उन्नीसवीं शताब्दी के भाषा-विज्ञानी पंडितों को यह देखकर आश्चर्य हुआ कि आस्ट्रेलिया के सुदूर जंगलों में बसी जातियों की भाषा एशिया में बसी हुई कुछ जातियों की भाषा से संबद्ध है। भारत की अनेक जातियाँ वह भाषा बोलती हैं जिनमें संथाल, मुंडा आदि भी शामिल हैं। शुरू-शुरू में इस भाषा का नाम आस्ट्रो-एशियाटिक दिया गया था। दक्षिण-पूर्व या अग्निकोण की भाषा होने के कारण इसे आग्नेय परिवार भी कहा जाने लगा है। अब हम लोग भारतीय जनता के वर्ग-विशेष को ध्यान में रखकर और पुराने साहित्य का स्मरण करके इसे कोल-परिवार की भाषा कहने लगे हैं। पंडितों ने बताया है कि संस्कृत भाषा के अनेक शब्द, जो अब भारतीय संस्कृत के अविच्छेद्य अंग बन गये हैं, इसी श्रेणी की भाषा के हैं। कमल, कुड्मल, कंबु, कंबल, तांबूल आदि शब्द ऐसे ही बताए जाते हैं। पेड़-पौधों, खेती के उपकरणों और औजारों के नाम भी ऐसे ही हैं। कुटज भी हो तो क्या आश्चर्य। संस्कृत भाषा ने शब्दों के संग्रह में कभी छूत नहीं मानी। न जाने किस-किस नस्ल के कितने शब्द उसमें आकर अपने बन गये हैं। पंडित लोग उसकी छान-बीन करके हैरान होते हैं। संस्कृत सर्वग्रासी भाषा है।

यह जो मेरे सामने कुटज का लहराता पौधा खड़ा है, वह नाम और रूप दोनों में अपनी अपराजेय जीवनी-शक्ति की घोषणा कर रहा है। इसीलिए वह इतना आकर्षक है। नाम है कि हजारों वर्ष से जीता चला आ रहा है। कितने नाम आये और गये। दुनिया उनको भूल गई, वे दुनिया को भूल गये। मगर कुटज है कि संस्कृत की निरन्तर स्फीयमान शब्दराशि में जो जम के बैठा सो बैठा ही है और रूप की तो बात ही क्या है। बहिलारी है इस मादक शोभा की। चारों ओर कुपित यमराज के दारुण निःश्वास के समान धधकती लू में यह हरा भी है और भरा भी है, दुर्जन के चित्त से भी अधिक कठोर पाषाण की कारा में रुद्ध अज्ञात जलस्रोत से बरबस रस खींचकर सरस बना हुआ है और मूर्ख के मस्तिष्क से भी अधिक सूने गिरि-कांतार

में भी ऐसा मस्त बना है कि ईर्ष्या होती है। कितनी कठिन जीवनी-शक्ति है! प्राण ही प्राण को पुलकित करता है, जीवनी-शक्ति ही जीवनी-शक्ति को प्रेरणा देती है। दूर पर्वतराज हिमालय की हिमाच्छादित चोटियाँ हैं, वहीं कहीं भगवान् महादेव समाधि लगा कर बैठे होंगे, नीचे सपाट पथरीली जमीन का मैदान है, कहीं-कहीं पर्वतनंदिनी सरिताएँ आगे बढ़ने का रास्ता खोज रही होंगी—बीच में यह चट्टानों की ऊबड़-खाबड़ जटाभूमि है—सूखी, नीरस, कठोर! यहीं आसन मारकर बैठे हैं मेरे चिरपरिचित दोस्त कुटज। एक बार अपने झबरीले मूर्धा को हिलाकर समाधिनिष्ठ महादेव को पुष्पस्तबक का उपहार बढ़ा देते हैं और एक बार नीचे की ओर अपनी पाताल-भेदी जड़ों को दबाकर गिरिनन्दिनी सरिताओं को संकेत से बता देते हैं कि रस का स्रोत कहाँ है। जीना चाहते हो? कठोर पाषाण को भेदकर, पाताल की छाती चीरकर अपना भोग्य संग्रह करो; वायुमण्डल को चूस कर, झंझा-तूफान, को रगड़कर, अपना प्राप्य वसूल लो; आकाश को चूमकर, अवकाश की लहरों में झूमकर, उल्लास खींच लो। कुटज का यही उपदेश है—

भित्त्वा पाषाणपिठरं छित्त्वा प्राभंजनीं व्यथाम्।
पीत्वा पातालपानीयं कुटजश्चुम्बते नभः।

दुरन्त जीवनी-शक्ति है! कठिन उपदेश है। जीना भी एक कला है। लेकिन कला ही नहीं, तपस्या है। जियो तो प्राण ढाल तो जिन्दगी में, ढाल दो जीवन रस के उपकरणों में! ठीक है। लेकिन क्यों? क्या जीने के लिए जीना ही बड़ी बात है? सारा संसार अपने मतलब के लिए ही तो जी रहा है। याज्ञवल्क्य बहुत बड़े ब्रह्मवादी ऋषि थे। उन्होंने अपनी पत्नी को विचित्र भाव से समझाने की कोशिश की कि सब कुछ स्वार्थ के लिए है। पुत्र के लिए पुत्र प्रिय नहीं होता, पत्नी के लिए पत्नी प्रिया नहीं होती—सब अपने मतलब के लिए प्रिय होते हैं—'आत्मस्तु कामाय सर्वप्रियं भवति'। विचित्र नहीं है यह तर्क? संसार में जहाँ कहीं प्रेम है सब मतलब के लिए। सुना है, पश्चिम के हॉब्स और हेल्वेशियस जैसे विचारकों ने भी ऐसी ही बात कही है। सुन के हैरानी होती है। दुनिया में त्याग नहीं है, प्रेम नहीं है, परार्थ नहीं है, परमार्थ नहीं है केवल प्रचंड स्वार्थ। भीतर की जिजीविषा—जीते रहने की प्रचंड इच्छा—ही अगर बड़ी बात हो तो फिर यह सारी बड़ी-बड़ी बोलियाँ, जिनके बल पर दल बनाए जाते हैं, शत्रु-मर्दन का अभिनय किया जाता है, देशोद्धार का नारा लगाया जाता है, साहित्य और कला की महिमा गाई जाती है, झूठ हैं। इनके द्वारा कोई न कोई अपना बड़ा स्वार्थ सिद्ध करता है। लेकिन अंतरतर से कोई कह रहा है, ऐसा सोचना गलत ढंग से सोचना है। स्वार्थ से भी बड़ी कोई-न-कोई बात अवश्य है, जिजीविषा से भी प्रचंड कोई-न-कोई शक्ति अवश्य है। क्या है?

याज्ञवल्क्य ने जो बात धक्कामार ढंग से कह दी थी, वह अंतिम नहीं थी।

वे 'आत्मनः' का अर्थ कुछ और बड़ा करना चाहते थे। व्यक्ति की 'आत्मा' केवल व्यक्ति तक सीमित नहीं है, वह व्यापक है। अपने में सब और सबमें आप—इस प्रकार की एक समष्टि-बुद्धि जब तक नहीं आती, तब तक पूर्ण सुख का आनंद भी नहीं मिलता। अपने-आपको दलित द्राक्षा की भाँति निचोड़ कर जब तक 'सर्व' के लिए निछावर नहीं कर दिया जाता; तब तक 'स्वार्थ' खण्ड-सत्य है, वह मोह को बढ़ावा देता है। तृष्णा को उत्पन्न करता है और मनुष्य को दंडनीय—कृपण बना देता है, कार्पण्य दोष से जिसका स्वभाव उपहत हो गया है, उसकी दृष्टि म्लान हो जाती है, वह स्पष्ट नहीं देख पाता। वह स्वार्थ भी नहीं समझ पाता, परमार्थ तो दूर की बात है।

कुटज क्या केवल जी रहा है? वह दूसरे के द्वार पर भीख माँगने नहीं जाता, कोई निकट आ गया तो भय के मारे अधमरा नहीं हो जाता, नीति और धर्म का उपदेश नहीं देता फिरता, अपनी उन्नति के लिए अफसरों का जूता नहीं चाटता फिरता, दूसरों को अपमानित करने के लिए ग्रहों की खुशामद नहीं करता, आत्मोन्नति के हेतु नीलम नहीं धारण करता, अँगूठियों की लड़ी नहीं पहनता, दाँत नहीं निपोरता, बगलें नहीं झाँकता। जीता है और शान से जीता है—काहे वास्ते, किस उद्देश्य से! कोई नहीं जानता। मगर कुछ बड़ी बात है। स्वार्थ के दायरे से बाहर की बात है। भीष्म पितामह की भाँति अवधूत की भाषा में कह रहा है—'चाहे सुख हो या दुःख, प्रिय हो या अप्रिय, जो मिल जाए उसे शान के साथ, हृदय से बिलकुल अपराजित होकर, सोल्लास ग्रहण करो। हार मत मानो!'—

सुखं वा यदि वा दुखं प्रियं वा यदि वाऽप्रियम्।
प्राप्तं प्राप्तिमुपासीत हृदयेनापराजितः।

(शान्तिपर्व 25/26)

हृदयेनापराजितः! कितना विशाल वह हृदय होगा, जो सुख से, दुख से, प्रिय से, अप्रिय से विचलित न होता होगा। कुटज को देखकर रोमांच हो आता है। कहाँ से मिली है यह अकुतोभया वृत्ति, अपराजित स्वभाव, अविचलित जीवन-दृष्टि!

जो समझता है कि वह दूसरों का अपकार कर रहा है, वह अबोध है, जो समझता है कि दूसरा उसका अपकार कर रहा है, वह भी बुद्धि-हीन है। कौन किसका उपकार करता है, कौन किसका अपकार कर रहा है? मनुष्य जी रहा, केवल जी रहा है, अपनी इच्छा से नहीं, इतिहास-विधाता की योजना के अनुसार। किसी को उससे सुख मिल जाए, बहुत अच्छी बात है; नहीं मिल सका, कोई बात नहीं; परंतु उसे अभिमान नहीं होना चाहिए। सुख पहुँचाने का अभिमान यदि गलत है, तो दुख पहुँचाने का अभिमान तो नितरां गलत है।

दुख और सुख तो मन के विकल्प हैं। सुखी वह है जिसका मन वश में है। दुखी वह है जिसका मन परवश है। परवश होने का अर्थ है खुशामद करना, दाँत

निपोरना, चाटुकारिता, हाँ–हुजूरी। जिसका मन अपने वश में नहीं, वही दूसरे के मन का छंदावर्तन करता है, अपने को छिपाने के लिए मिथ्या आडंबर रचता है, दूसरों को फँसाने के लिए जाल बिछाता है। कुटज इन सब मिथ्याचारों से मुक्त है। वह वशी है। वह वैरागी है। राजा जनक की तरह संसार में रहकर, संपूर्ण भोगों को भोगकर भी उनसे मुक्त है। जनक की ही भाँति वह घोषणा करता है–मैं स्वार्थ के लिए अपने मन को सदा दूसरे के मन में घुसाता नहीं फिरता, इसलिए मैं मन को जीत सका हूँ, उसे वश में कर सका हूँ–

नाहमात्मार्थमिच्छामि मनो नित्यं मनोऽन्तरे।
मनो मे निर्जितं तस्मात् वशे तिष्ठति सर्वदा॥

कुटज़ अपने मन पर सवारी करता है, मन को अपने पर सवार नहीं होने देता। मनस्वी मित्र, तुम धन्य हो।

निर्मल वर्मा

निर्मल वर्मा का जन्म सन् 1929 ई. में हुआ। वह भारतीय मनीषा की उस उज्ज्वल परम्परा के प्रतीक पुरुष हैं, जिनके जीवन में कर्म, चिन्तन और आस्था के बीच कोई फाँक नहीं रह जाती। कला का मर्म जीवन का सत्य बन जाता है और आस्था की चुनौती जीवन की कसौटी। ऐसा मनीषी अपने होने की कीमत देता है और माँगता भी। अपने जीवनकाल में गलत समझे जाना उसकी नियति है। और उससे बेदाग उबर आना उसका पुरस्कार। निर्मल वर्मा के हिस्से में भी ये दोनों बखूबी आये।

स्वतन्त्र भारत की आरम्भिक आधी से अधिक सदी निर्मल वर्मा की लेखकीय उपस्थिति से गरिमांकित रही। वह उन थोड़े से रचनाकारों में थे जिन्होंने संवेदना की व्यक्तिगत स्पेस और उसके जागरूक वैचारिक हस्तक्षेप के बीच एक सुन्दर सन्तुलन का आदर्श प्रस्तुत किया। उनके रचनाकार का सबसे महत्त्वपूर्ण दशक, साठ का दशक, चेकोस्लोवाकिया के विदेश प्रवास में बीता। अपने लेखन में उन्होंने न केवल मनुष्य के दूसरे मनुष्यों के साथ सम्बन्धों की चीर-फाड़ की, वरन उसकी सामाजिक, राजनीतिक भूमिका क्या हो, तेज़ी से बदलते जाते हमारे आधुनिक समय में एक प्राचीन संस्कृति के वाहक के रूप में उसके आदर्शों की पीठिका क्या हो, इन सब प्रश्नों का भी सामना किया।

अपने जीवन काल में निर्मल वर्मा साहित्य के लगभग सभी श्रेष्ठ सम्मानों से समादृत हुए, जिनमें साहित्य अकादेमी पुरस्कार (1985), ज्ञानपीठ पुरस्कार (1999), साहित्य अकादेमी महत्तर सदस्यता (2005) उल्लेखनीय हैं। भारत के राष्ट्रपति द्वारा तीसरा सर्वोच्च नागरिक सम्मान पद्मभूषण उन्हें सन् 2002 में दिया गया। अक्टूबर 2005 में निधन के समय निर्मल वर्मा भारत सरकार द्वारा औपचारिक रूप से नोबेल पुरस्कार के लिए नामित थे।

इनका निधन सन् 2005 ई. में हुआ।

साहित्य में प्रासंगिकता का प्रश्न

निर्मल वर्मा

पिछले दिनों प्रेमचन्द की प्रासंगिकता पर जो धुआँधार बहस हुई है, उससे जो भी निष्कर्ष निकले, एक बात जो स्पष्ट होकर आई है, वह यह है कि प्रेमचन्द प्रासंगिक हों या नहीं, स्वयं 'प्रासंगिकता' के बारे में हमारे यहाँ कोई स्पष्ट नहीं है। प्रेमचन्द अब पुराने पड़ गए हैं, प्रेमचन्द कभी पुराने नहीं पड़ सकते—इन दो चरम विरोधी मतों के पीछे मूल्यांकन के कोई अलग-अलग निकष नहीं दिखाई देते (यदि ऐसा होता तो बहस अधिक जीवन्त और मूल्यवान हो पाती)। खुले-छिपे शब्दों में मूल्यांकन की एक ही कसौटी मान ली गई है—साहित्य की सामाजिक उपादेयता—और चूँकि इस शब्द उपादेयता में कुछ पुराने फैशन की, 'कुत्सित समाजशास्त्रीयता' की गन्ध आती है, इसलिए उसे प्रयोग करने में हम थोड़ा-सा हिचकते हैं, उसके बदले प्रासंगिकता या सार्थकता जैसे आधुनिक शब्द इस्तेमाल करते हैं, किन्तु मूल्यांकन के पीछे आग्रह वही है, प्रेमचन्द क्या आज हमारे लिए 'उपयोगी' हैं? यदि हैं, तो वह प्रासंगिक हैं, नहीं हैं, तो नहीं। यह बात किसी को अजीब या आश्चर्यजनक नहीं लगती कि समूची बहस प्रेमचन्द के लेखन से हटकर साहित्य के प्रति हमारी सामाजिक धारणाओं पर आकर अटक गई है।

यहाँ मेरी मंशा प्रेमचन्द की प्रासंगिकता पर बहस करने की नहीं है, उनके बहाने स्वयं 'प्रासंगिकता'—जैसे प्रश्न पर विचार करने की है। इसका बड़ा श्रेय भी शायद प्रेमचन्द को जाता है कि स्वयं उनके लेखन ने इस प्रश्न को इतना विवादास्पद बना दिया है, जो ऊपर से इतना सरल और सीधा जान पड़ता है। तुलसीदास या शेक्सपियर को हम आज भी इतना चाव से पढ़ते हैं, किन्तु उनके बारे में यह जिज्ञासा नहीं उठती कि वे आज भी क्यों हमारे लिए इतने प्रासंगिक हैं? प्रेमचन्द के बारे में तो हम यह कहकर छुट्टी पा सकते हैं (जैसा एक विज्ञ आलोचक ने एक टेलीविजन-वार्ता में कहा था) कि वह आज भी हमारे लिए प्रासंगिक हैं, क्योंकि उनके समय की समस्याएँ कमोबेश वही हैं, जिनसे हम आज जूझ रहे हैं—हालाँकि इस पर विश्वास करना जरा कठिन है। क्या सचमुच ऐसा है कि हमारे समाज की स्थिति,

किसान का अन्दरूनी अन्तर्द्वन्द्व, सामाजिक रिश्तों का स्वरूप यथावत वैसा है जैसा प्रेमचन्द के समय में था? किन्तु यदि एक क्षण के लिए हम इस अद्भुत धारणा को स्वीकार भी कर लें तो हमें एक दूसरे अद्भुत निष्कर्ष को भी स्वीकार करना होगा, कि यदि हमारे समाज की स्थिति बदल जाती है प्रेमचन्द के जमाने से थोड़ा भिन्न हो जाती, तो प्रेमचन्द हमारे लिए अप्रासंगिक हो जाते। शायद विज्ञ आलोचक इस निष्कर्ष को स्वीकार न करना चाहेंगे, किन्तु यदि वह प्रेमचन्द की प्रासंगिकता को समाज के बाहरी खूँटों से बाँधेंगे तो उनका तर्क उन्हें घसीटता हुआ इसी निष्कर्ष पर लाकर छोड़ेगा! इस तर्क की भयावह परिणति यह होगी कि आज हमारे लिए तुलसीदास, इंग्लैंड के लिए शेक्सपियर और सोवियत-समाज के लिए तॉल्स्तॉय अप्रासंगिक हो जाने चाहिए, क्योंकि जिन स्थितियों और 'समस्याओं' की अभिव्यक्ति उनके साहित्य में मिलती है, उनका हमारे युग की स्थितियों और समस्याओं से कोई लेना-देना नहीं।

यदि यह निष्कर्ष निगलना असम्भव जान पड़े, तो हमें अपना तर्क बदलना होगा। साहित्य में प्रासंगिकता की कसौटी बाह्य 'सामाजिक परिस्थितियों' में नहीं, कहीं अन्यत्र ढूँढ़नी होगी। यही नहीं, हमें आगे जाकर स्वयं कला में 'उपादेयता' या 'उपयोगिता' जैसे शब्दों को छोड़ना होगा, न छोड़ना चाहें तो उनका पुनःपरीक्षण करना होगा—इस प्रश्न का उत्तर देना होगा कि कैसे एक कलाकृति नितान्त विभिन्न सामाजिक व्यवस्थाओं, अलग-अलग युगों की प्रतिकूल नैतिकताओं और विश्वासों के बावजूद और उनके बीच अपनी प्रासंगिकता कायम रख पाती है। एक शब्द में कहें—तो हमें कम-से-कम कला के क्षेत्र में स्वयं 'प्रासंगिकता' के बारे में नये सिरे से सोचना होगा।

जरा ध्यान से देखें, तो हम पाएँगे कि 'प्रासंगिकता' शब्द से ही समय की गन्ध आती है। समय जो आज है, आज जो हम हैं, हम जो आज हैं—आप कुछ भी कह लें, कोई भी कलाकृति, चाहे वह कितनी भी पुरानी क्यों न हो, समय की अनन्त धारा में इस क्षण अटके हुए 'मैं' को कितना आलोकित कर पाती है, उसकी प्रासंगिकता इस कसौटी पर आँकी जाती है। दूसरे शब्दों में कहें, तो प्रासंगिकता के मूल में यह प्रश्न पूछा जाता है कि क्या कोई कलाकृति अपने में इतनी शक्ति, इतनी सामर्थ्य, इतनी सर्वांगीण सम्पन्नता रखती है कि अपने समय की विशिष्ट परिस्थितियों से उठकर 'छलाँग लगाकर' हमारे समय तक पहुँच जाती है? समय बहता है। अतीत कहीं बहुत पीछे छूट गया है। इतिहास के इस सतत प्रवहमान, सतत परिवर्तनशील सन्दर्भ में एक कलाकृति आज मेरे लिए सिर्फ एक अर्थ में (दूसरा कोई अर्थ नहीं है) प्रासंगिक हो सकती है कि वह समूचे इतिहास की नोक पर एक बार फिर—अपनी पूरी तात्कालिकता, तन्मयता और तीव्रता के साथ मेरे आज के चेहरे को स्वयं मेरे

लिए अपने भीतर जगाकर पूछ सके—मैं कौन हूँ? महर्षि रमण जो प्रश्न अपने साधकों से पूछते थे, वही प्रश्न एक प्रासंगिक कलाकृति हर युग के पाठक या श्रोता से स्वयं उसकी भाषा में पूछती है। वाल्मीकि का काव्य या एलोरा की मूर्तियाँ हमारी दुनिया को भेदती हैं, उनके साक्षात से हम एक क्षण के लिए भूल जाते हैं, किन सामाजिक परिस्थितियों, किस ऐतिहासिक क्षण में उनका सृजन हुआ था; देश और काल की सीमाओं का उल्लंघन करते हुए हम अपने को एक ऐसी दुनिया में पाते हैं, जो आत्मलीन है, पूर्ण रूप से स्वायत्त है। वह हमें उद्वेलित करती है, किन्तु हमारे ऐतिहासिक पूर्वग्रहों, मर्यादाओं, नैतिक विश्वासों द्वारा अनुशासित नहीं होती। कला की यह अद्‌भुत विडम्बना है कि विशिष्ट सामाजिक स्थिति में जन्म लेने पर भी, मनुष्य द्वारा सृजित होने के बावजूद वह मानवीय स्थिति की बन्दी या ऐतिहासिक सीमाओं की गुलाम बनकर नहीं रह सकती।

कला की इस रहस्यमय विडम्बना को कुरेदने का प्रयास अनेक आलोचकों ने किया है। उनमें से कुछ का यह विचार कि कला की शाश्वत प्रकृति ही उसे हर समय और युग के लिए प्रासंगिक बनाती है, मुझे बहुत अविश्वसनीय और भ्रामक जान पड़ता है। यदि एक कलाकृति अपने में ऐतिहासिक समय का अतिक्रमण करती है, तो इसका मतलब यह नहीं कि वह समय की चिरन्तनता को—किसी अपरिवर्तनशील शाश्वत सत्य को—उपलब्ध कर लेती है। सच पूछा जाए, तो कला में शाश्वत कुछ भी नहीं होता, क्योंकि उसमें कुछ भी सम्पूर्ण रूप से अन्ति (फाइनल) नहीं होता। अन्तिम सम्पूर्णता का प्रतीक ईश्वर हो सकता है, कला नहीं। यह नहीं कि कोई पेंटिंग, कविता या कहानी अपनी संरचना (फॉर्म) में सम्पूर्ण नहीं होती, उसकी सम्पूर्णता ही हमें एक अनोखे किस्म की संकेन्द्रित तन्मयता देती है, जो हमें किसी अन्य स्रोत से प्राप्त नहीं होती। किन्तु इसका अभिप्राय यह नहीं कि उसने किसी अन्तिम सत्य, किसी समाधान को प्राप्त कर लिया है। कला में फॉर्म का सम्बन्ध मनुष्य के सत्य से नहीं, कलाकार की आकांक्षा से जुड़ा रहता है। कोई कविता इसलिए समाप्त नहीं होती कि कवि ने सत्य उपलब्ध कर लिया है, बल्कि इसलिए कि उसने उसके भीतर अपनी आकांक्षा को समेट लिया है। शायद इसी अर्थ में वाल्टर बेंजामिन ने लिखा था कि 'सत्य आकांक्षा की मृत्यु है', एक बार सत्य पा लेने के बाद कविता जीवित नहीं रहती, क्योंकि उसमें प्राण स्फुरित करने वाली आकांक्षा ही मुरझा जाती है। यह संयोग नहीं है कि जो लेखक अपनी रचनाओं में 'शाश्वत सत्य' से कम कुछ भी स्थापित नहीं करना चाहते, वे अपनी रचनाओं की तात्कालिक प्रासंगिकता भी खो देते हैं।

अतः कला में यदि कोई चीज 'शाश्वत' है, तो यही आकांक्षा—समय और व्यक्ति से बँधी हुई, अधूरी और अनिश्चित, इतिहास की गर्द और आत्मा की गर्दिश

में लिपटी हुई—जो कलाकृति में अचानक एक सम्पूर्णता, एक अर्थ, एक्सटेसी का आलोक, एक निर्वैयक्तिक तटस्थता, एक समयहीनता प्राप्त कर लेती है। चूँकि कोई कलाकृति अपने सत्य में सम्पूर्ण नहीं है, इसलिए हर युग का मनुष्य उसके भीतर अपने सत्य की प्रासंगिकता खोज निकालता है। यह इसलिए कि इस धरती पर, समूचे सौरमंडल में मनुष्य सबसे ज्यादा अधूरा प्राणी है—इसलिए 'पूरा होने' की आकांक्षा उसके भीतर एक चिरन्तन जख्म की तरह खुली रहती है। पशुओं को जो ग्रेस प्रकृति के सान्निध्य से प्राप्त होता है और देवदूतों (एंजल्स) को जो उज्ज्वलता ईश्वर के पास होने से मिलती है, मनुष्य इतना अभागा है कि दोनों से वंचित होकर वह एक अभिशप्त अलगाव में ठिठुरता रहता है। मनुष्य का लावारिस अलगाव और अधूरापन कोई आधुनिक, पश्चिम-बोध की देन नहीं है—वह मनुष्य के मनुष्यत्व के बीच एक कीड़े की तरह विद्यमान है, धरती पर उसके महज 'होने' के बोध से निहित है। उसकी समूची मिथक संरचना, धर्म-विधान, ईश्वर-कल्पना और—हमारे समय में सम्पूर्ण क्रान्ति का स्वप्न इसी अभिशप्त अनाथावस्था से छुटकारा पाने का गौरवपूर्ण, ट्रैजिक और बीहड़ प्रयास है। कला यदि इनसे अलग है, तो इसलिए नहीं कि वह इस अधूरेपन के पास से मुक्ति पाने का स्वप्न नहीं देखती—यह स्वप्न और आकांक्षा ही तो उसकी सतत प्रासंगिकता के केन्द्र में है—फर्क केवल इतना है (और यह बुनियादी अन्तर है)—कि यह स्वप्न कहीं बाहर और परे न होकर स्वयं उसकी सृष्टि, उसके फॉर्म, उसकी संरचना में सन्निहित है। वह चाहे हजार पृष्ठों का एपिक हो, या चार पंक्तियों की कविता—वह अपने भीतर अर्थ के जिस स्पेस को घेरती है, उसी में हम अपने अधूरेपन का अतिक्रमण कर लेते हैं। उसके भीतर ही—शब्दों के विशिष्ट तन्तुजाल में वह गरमाई है, जहाँ पहुँचते ही हम एक क्षण के लिए अकेलेपन की ठिठुरन से छुटकारा पा जाते हैं।

कला की यह द्विविधात्मक प्रकृति—किसी शाश्वत सत्य को न अभिव्यक्त करते हुए भी अपने में सम्पूर्ण आत्मलीन और स्वयंसिद्ध होना—बहुत महत्त्वपूर्ण है। वह सम्पूर्ण है, किन्तु चारों तरफ से खुली हुई है, किसी अन्तिम सत्य के ताले में बन्द नहीं है, यह एक ऐसी चीज है, जो कला को इतनी शक्ति देती है कि वह हर तानाशाही आइडियोलॉजी को चुनौती दे सके। आइडियोलॉजी से आक्रान्त जिस युग में हम रहते हैं—वहाँ हमेशा यह कोशिश की जाती है कि सत्य को किसी मत, किसी वाद, किसी झूठे-सच्चे आदर्श, किसी युटोपिया की मरीचिका से नत्थी किया जा सके। इसके विपरीत कला अपने असीम खुलेपन के द्वारा हर आइडियोलॉजी के बने-बनाए 'सत्य' को खटखटाती है, हमें बाध्य करती है कि हम ऐतिहासिक भ्रमों की कुहेलिका से मुक्त होकर अपनी स्थिति को अतीत और आज और भविष्य के समूचे प्रवाह के भीतर आँक सकें। 'ईलियड' और 'महाभारत' में हम मनुष्य की

नियति को—उचित और अनुचित, धर्म और अधर्म, सम्भव और असम्भव को—इसी अनन्त प्रवाह में देख पाते हैं। किन्तु इस प्रकार की झलक अलग-अलग रूपों में हमें क्या सभी महत्त्वपूर्ण कलाकृतियों में नहीं दिख जाती? 'महाभारत' पढ़ते हुए हम यह निर्णय नहीं कर पाते कि सत्य युधिष्ठिर के पास है या कर्ण के पास—क्योंकि यह महत्त्वपूर्ण नहीं है कि सत्य किसके पास है! महत्त्वपूर्ण वह समूची बहस है जो 'महाभारत' के भीतर बहती हुई हमें एक ऐसे चमकदार बिन्दु पर पहुँचा देती है, जहाँ सत्य और असत्य, धर्म और अधर्म का निर्णय स्वयं हमारे सार्थक जीने की अनिवार्य शर्त बन जाता है; चूँकि 'महाभारत' कोई शाश्वत सत्य निर्धारित नहीं करता, इसलिए हर युग के लिए वह शाश्वत रूप से एक प्रासंगिक जिज्ञासा का स्रोत बन जाता है। यही एक कलाकृति की प्रासंगिकता की सबसे कठोर परीक्षा और सबसे विश्वनीय कसौटी है कि वह हमें इतिहास के सतत प्रवाह से एक क्षण के लिए बाहर ले आती है ताकि हम स्वयं अपने को उसमें बहता हुआ देख सकें। एक योगी की तरह नहीं, जो धारा को असम्पृक्त भाव से देखता है, एक मार्क्सवादी चिन्तक की तरह नहीं, जो मनुष्य को धारा के भीतर ही डुबो देता है—बल्कि एक ऐसी अन्तर्दृष्टि, जिसमें मनुष्य एक साथ ही धारा का द्रष्टा भी है और उसका अंग भी—जहाँ वह समय के सतत प्रवाह के भीतर स्वयं अपनी जीवनधारा की दिशा, गहराई, उथलापन—दो शब्दों में कहें—अपनी माया और यथार्थ की चीन्हने की रोशनी पा लेता है।

कैसी रोशनी है यह जो एक कलाकृति से बाहर आती है? वह कोई सुख की रोशनी नहीं है, न सत्य की, न हमारी शंकाओं के उत्तर की। रेम्ब्रां के चित्र में एक बूढ़ी औरत कोई जवाब नहीं है, बुढ़ापे के दुःख का—किन्तु बुढ़ापे की एक-एक झुर्री (जो सिर्फ रंग की रोशनी में है, कैनवास पर चिपकी हुई) हमारी—दर्शक की—गुजरती हुई जिन्दगी पर कील ठोंक जाती है, प्रश्न-चिह्न की कील—और उसके दबाव-तले जब हम गैलेरी या म्यूजियम से बाहर निकलते हैं, तब हर मनुष्य के चेहरे को एक दूसरी निगाह से देखने लगते हैं, एक ऐसी निगाह, जिसमें हमारा अनुभव रेम्ब्रां के रंगों से जुड़ गया है, जिसमें बुढ़ापे का सत्य छिपा है, जो स्वयं मेरे सांसारिक यथार्थ को शंकालु, स्तब्ध, सन्दिग्ध बना देता है। प्रासंगिक कलाकृति वह नहीं होती है, जिसमें हर समय और स्थान में जीवित लोगों के लिए शाश्वत उत्तर या सत्य होते हैं, बल्कि, वह जो हर युग में बने-बनाए सत्यों और उत्तरों के पैटर्न को बिगाड़ देती है, भंग कर देती है, हर विश्वास को शंकालु बना देती है ताकि हम एक बार फिर अपने समय के द्वन्द्वों, शंकाओं और पीड़ाओं का नया अर्थ खोज सकें। तॉल्स्तॉय के उपन्यास 'अन्ना कैरेनिना' में एक स्त्री अपने पति से विश्वासघात करती है, अपनी घर-गृहस्थी, मान-मर्यादा—यहाँ तक कि अपने बच्चे के स्नेह को ठुकराकर अपने प्रेमी के साथ भाग जाती है—फिर स्वयं प्रेम से भी हताश हो जाती है और कोई रास्ता न

पाकर आत्महत्या कर लेती है। समाज की हर नैतिक कसौटी, परम्परागत मर्यादा के हर मापदंड पर वह स्त्री व्यभिचारिणी नहीं—तो क्रूर, स्वार्थी और पुंश्चली मानी जाएगी। किन्तु उपन्यास में तॉल्स्तॉय हमारे समस्त नैतिक विश्वासों को खोखला, पंगु और पाखंडी बना देते हैं। उपन्यास पढ़ने के बाद कटघरे में अन्ना कैरेनिना नहीं, हम अपने को खड़ा पाते हैं, जहाँ प्रेम और विवाह और मानवीय रिश्तों की पवित्रता के सम्बन्ध में हमें अपने जड़ित विश्वासों को तोड़कर एकदम नये सिरे से सोचने के लिए विवश होना पड़ता है—यह उपन्यास यदि आज भी हमारे लिए घोर प्रासंगिक है तो इसलिए कि नैतिकता और सत्य और प्रेम के प्रश्न आज भी उतने ही खुले और सन्दिग्ध हैं, जितना कभी पहले थे।

रेम्ब्रां के चित्र? तॉल्स्तॉय का उपन्यास? मुझे डर है, इन विदेशी नामों को सुनते ही आपकी भौंहें कुछ तिरछी होंगी। मुझ पर इतनी बार 'विदेशीपन' का आरोप लगाया गया है कि इस बार जान-बूझकर मैं इन विदेशी कलाकारों का उल्लेख करने का जोखिम उठा रहा हूँ। कैसे एक डच कलाकार और रूसी लेखक अपने समय की समूची परिस्थितियों, परम्पराओं, संस्कारों को लाँघकर आज मेरे लिए—बीसवीं शती में रहनेवाले एक भारतीय के लिए—प्रासंगिक हो सकते हैं, हम इस प्रश्न से मुँह नहीं मोड़ सकते। अब आप शायद समझ गए होंगे, क्यों मैंने इन दो विदेशी कलाकारों का उदाहरण देना जरूरी समझा। इसका एक उत्तर हमेशा से यह दिया जाता रहा है कि महान कला सार्वभौमिक होती है, हर देश और समाज की सीमाओं से परे और ऊपर। मुझे यह उत्तर उतना ही असन्तोषजनक लगता है, जितना कला में शाश्वत ढूँढ़ना। क्रान्ति के फार्मूले, मानव-मुक्ति के आदर्श, आध्यात्मिक शान्ति और सत्य पाने के सूत्र सार्वभौमिक हो सकते हैं, होते भी हैं. उनमें एक कालातीत सत्य होता है, जिसके कारण बुद्ध और ईसा और ताओ का सन्देश आज भी हमें इतना महत्त्वपूर्ण और मर्मस्पर्शी जान पड़ता है। किन्तु कला? एक कलाकृति का जादू और मर्म और रहस्य उसके सार्वभौमिक सन्देश में नहीं, उसकी नितान्त निजी, विशिष्ट बुनावट में निहित होता है, जिसमें भाषा, रंग और ध्वनियों के रेशे एक सर्वथा मौलिक, अद्वितीय सृष्टि की रचना करते हैं—और इस विशिष्ट रचना के भीतर ही एक कविता या चित्र अपना अनूठा सत्य सम्प्रेषित करते हैं। यह सत्य सार्वभौमिक नहीं है—किन्तु हर पीढ़ी का व्यक्ति इस रचना के भीतर अपने प्रासंगिक सत्य को ढूँढ़ निकालता है। कला के सत्य, और एक सामाजिक या दार्शनकि सन्देश में यह मूलभूत अन्तर है—सन्देश दूसरों की भाषा में दिया जाता है, कला के सत्य को सिर्फ कलाकृति की भाषा के भीतर ही ग्रहण किया जा सकता है, उसके बाहर नहीं। 'अन्ना कैरेनिना' जैसा उपन्यास रूस की विशिष्ट, सर्वथा जातीय परिस्थिति से तो जुड़ा ही है, किन्तु जिस भाषा में वह लिखा गया, उसके संस्कार लेखक की अन्तर्दृष्टि को एक स्वायत्त

किस्म का अनूठापन देते हैं, जो किसी अन्य परिस्थिति, अन्य भाषा, अन्य भूखंड पर असम्भव हो जाता है। उपन्यास से कहीं अधिक कविता में भाषा दखल देती है, जहाँ कविता का अर्थ स्वयं शब्दों की विशिष्ट संरचना में साँस लेता है।

इस बिन्दु पर हम कला की प्रासंगिकता के सबसे पेचीदा, विडम्बनापूर्ण केन्द्र में पहुँच गए हैं। यदि एक कलाकृति का सत्य सिर्फ उसकी विशिष्ट रचना में है—यदि उसकी प्राणवत्ता उसके अनूठे वैशिष्ट्य में साँस लेती है, भाषा और जातीय स्मृतियों की धरती से अपना रूप और स्वभाव ग्रहण करती है, जो कैसे वह अलग समय में, एक विदेशी समाज में, परायी संस्कृति की अजनबी स्मृतियों में प्रवेश कर पाती है? प्रवेश ही नहीं करती, बल्कि एक विराट रहस्योद्घाटन (रेविलेशन)-सा करता जान पड़ती है—एक ऐसे प्रामाणिक स्तर पर—जहाँ हमें पराये विदेशी लेखक कभी-कभी अपने जातीय, भाषा के लेखकों से कहीं ज्यादा प्रासंगिक और मूल्यवान जान पड़ने लगते हैं?

मेरी समझ में इसका एक ही उत्तर है—और वह कला की शाश्वतता या सार्वभौमिकता में नहीं—बल्कि मनुष्य की गहनतम अन्तर्चेतना के मूलभूत ढाँचे में है—जहाँ मनुष्य का समग्र अस्तित्व वास करता है। कला की अभिव्यक्ति चाहे किसी भी भाषा, रूप या जातीय स्मृति के बिम्बों में हो, वह हमेशा हमें 'अपने होने की स्थिति से साक्षात् कराती है'—और 'होने' की यह स्थिति हर समय, हर जगह एक जैसी है, जहाँ कहीं इस धरती पर मनुष्य जीवित है। यही कारण है आज भी हम प्रागैतिहासिक मनुष्य द्वारा रचे गए गुहा-चित्रों से इतना प्रभावित होते हैं, उन्हें अपने भीतर इतना प्रासंगिक मानते हैं, यद्यपि उस गुहा-मनुष्य की भौतिक, सामाजिक अवस्था से हमारा कहीं मेल नहीं बैठता।

दूसरी तरफ अपनी भाषा में ही रची गई एक समकालीन रचना हमें नितान्त सूखी और खाली लग सकती है—अखबार की एक रिपोर्ट की तरह नई—जो कल बासी पड़ जाएगी। अन्ततः कला में प्रासंगिकता की समस्या ऐतिहासिक समय पर निर्भर नहीं करती, वह उन प्रश्नों से सम्बन्ध रखती है, जो समाज, संस्कृति, इतिहास और परम्परा से जुड़कर भी कहीं सतह के नीचे समूचे मनुष्य की नियति को छूते हैं, जिन्हें न विज्ञान विश्लेषित कर सकता है, न कोई राजनीतिक सिद्धान्त अपने में समेट सकता है, क्या पाप है और क्या पवित्र, नैतिक और अनैतिक के बीच विभाजन-रेखा, हम क्या हैं और हमें क्या होना चाहिए, सुन्दर और असुन्दर—और सबसे बड़ा प्रश्न—प्रकृति और शून्य के बीच मनुष्य का अकेलापन, जिसे 'ईश्वर' की कल्पना भी दूर नहीं कर सकती, क्योंकि इस धरती पर मनुष्य ही ऐसा जीव है जो अपनी मृत्यु की अनिवार्यता से अवगत है।

ये प्रश्न महज 'दार्शनिक प्रश्न' कहकर नहीं टाले जा सकते, वे मनुष्य की

उन बुनियादी, अन्तरतम अनुभूतियों के ढाँचे में गुँथे हैं, जो मनुष्य को दुनिया के समस्त प्राणियों से अलग करती हैं। ज़िस अँधेरे अनुभव से 'भाषा' जन्म लेती है, उसी स्रोत से इन प्रश्नों का जन्म होता है। यह नहीं, पहले भाषा जन्म लेती है—और फिर उस भाषा में इन प्रश्नों को पूछा जाता है—बल्कि भाषा का जन्म ही प्रश्नों की इस प्रसव-पीड़ा के द्वारा होता है और स्वयं ये प्रश्न मनुष्य की भाषा में ही रूपायित हो सकते हैं। एक कलाकृति सिर्फ मनुष्य की भाषा का सघन, एकात्म, सकेन्द्रित 'इशारा' है, वह चाहे दुनिया के किसी कोने से उठता हो, यदि वह हमारे इस ढाँचे में हलचल उत्पन्न करता है, तो वह हमारे लिए तुरन्त और तात्कालिक रूप में प्रासंगिक हो जाता है। यदि मनुष्य से अधुनातन मनुष्य के भीतर प्रश्नों की जो ठंडी, बर्फीली झील जमी रहती है, एक कलाकृति कुदाली की तरह इस पथराई, बर्फ को खोदकर नीचे दबी चेतना को पुनःप्रवाहित करने लगती है। हम न केवल इस प्रवाह को अपने भीतर महसूस करते हैं, बल्कि उस कविता, उपन्यास या चित्र के माध्यम से स्वयं वह प्रवाह बन जाते हैं, जो स्वयं कलाकृति की सत्ता में मौजूद है। फ़ॉकनर ने एक बार कहा था कि एक महान उपन्यास बहते हुए समय को अपने पृष्ठों पर रोक लेता है और जब पचास-साठ साल बाद हम उस उपन्यास को पढ़ते हैं, तब रुका हुआ समय फिर बहने लगता है।

इससे हम एक अद्‌भुत निष्कर्ष पर पहुँचते हैं : एक कलाकृति अपने में आत्मलीन, स्वायत्त इकाई होने पर भी कोई स्थिर या ठहरी हुई सत्ता नहीं है—समय के चौखटों में बन्द नहीं है। वह हर पीढ़ी की आँखों में, यहाँ तक कि एक ही पीढ़ी के अलग-अलग व्यक्तियों के लिए अपना अर्थ बदलती रहती है। हम किसी कलाकृति में क्या और कितना कुछ पाते हैं, यह उस कलाकृति की सर्वांगीण अर्थवत्ता पर तो निर्भर करता ही है, किन्तु इस बात पर भी निर्भर करता है कि हर पीढ़ी का मनुष्य कितना और कैसा अनुभव लेकर उस कलाकृति के पास जाता है। हैमलेट की जो छवि एलिजाबेथ-युग के नाटक-दर्शकों के लिए थी, क्या वही छवि आज हमारे भीतर है? नाटक वही है, किन्तु उनकी प्रासंगिकता के स्थल और कोण बिल्कुल बदल गए हैं। अर्जुन के संशय एक समय में केवल उसके 'मोहग्रस्त अज्ञान' को दर्शाते थे, किन्तु आज वही संशय आधुनिक मनुष्य के संकट का केन्द्रबिन्दु बन गए हैं। स्वयं कृष्ण के वचन हमारे लिए—आस्था और आस्तिकता से ऊपर उठकर—एक ऐसे नैतिक दायित्व का बोध कराते हैं, जिसे गांधीजी ने अपने ढंग से भारतीय स्थिति के सन्दर्भ में एक सर्वथा अनूठे अर्थ में विश्लेषित किया था, जिसके प्रति शायद पिछले युग का कोई भी भारतीय मनीषी सचेत नहीं था। शब्द वही हैं, उपदेश वही हैं, कृष्ण और अर्जुन भी वही हैं, सिर्फ वह 'कुरुक्षेत्र' बदल गया है, जिसमें आज हम सत्य और असत्य, धर्म और अधर्म के बीच संघर्ष कर रहे हैं—और उसके बदलने मात्र से स्वयं 'महाभारत'—जैसी

कलाकृति से हमारा संबंध एक सर्वथा नूतन धरातल पर पुनर्जीवित हो गया है। हम यह कह सकते हैं कि 'महाभारत' का काव्य हमारे लिए बदल गया है, किन्तु हम यह भी कह सकते हैं कि काव्य नहीं बदला है, बल्कि उसमें एक ऐसे समूचे मनुष्य की मूल (आर्कीटाइप) छवि है, जिसमें हर युग का प्राणी अपने अनुभव के दबाव-तले प्रासंगिक अर्थ खोज निकालता है—और ये दोनों ही बातें सच हैं।

मैंने ऊपर 'समूचे मनुष्य' की बात कही है। कौन है यह समूचा मनुष्य? मेरे विचार में समूचा मनुष्य स्वाधीन मनुष्य है। या यों कहें, स्वाधीन मनुष्य ही समूचा बनने का स्वप्न देख सकता है। यह स्वप्न वही आकांक्षा है, पूरा बनने की आकांक्षा, जो हर कलाकृति के मूल में वास करती है, विधाता ने मनुष्य को अधूरा अवश्य बनाया है, किन्तु मुआवजे में उसे एक ऐसी चीज दी है, जो न पशुओं को प्राप्त है, न देवदूतों को—स्वाधीनता का दुर्लभ वरदान—जिसका सबसे ठोस और साकार रूप हमें कला में मिलता है। आज यदि कला सबसे अधिक प्रासंगिक हो गई है तो इसलिए कि पहले किसी युग में मनुष्य की स्वतंत्रता इतने गहन संकट में नहीं पड़ी थी। आज मनुष्य न केवल प्रकृति और ईश्वर से विलगित हो गया है (और यहाँ मैं 'ईश्वर' का अर्थ व्यापक अर्थ में, दैवी पवित्रता के अर्थ में ले रहा हूँ, संकीर्ण आस्तिक या नास्तिक अर्थों में नहीं) बल्कि स्वयं अपने निजी वैशिष्ट्य से—जिसमें उसकी देह और आत्मा दोनों शामित हैं—निर्वासित हो गया है। यह आकस्मिक नहीं है कि आधुनिक कला की अधिकांश रचनाएँ आज हमें सम्पूर्णता या कृतज्ञता का बोध नहीं करा पातीं क्योंकि कला ने अपनी स्वतंत्रता का गरिमामय वरदान भूलकर अपने को समय के फार्मूलों, मन्त्रों और फैशनों (जिसमें आइडियोलॉजी का फैशन सबसे आकर्षक और घातक है) में बाँध लिया है! यदि निर्वासित मनुष्य की कला स्वयं अपनी स्वतन्त्र मेधा से निर्वासित हो गई हो, तो वह मनुष्य को अपनी स्वाधीनता से कैसे अवगत करा पाएगी? यह नहीं कि कला से हमें प्रकाश ही प्राप्त हो, किन्तु हम अपने अँधेरे से परिचित हो सकें—यह वही कलाकृति कर सकती है जो स्वयं प्रकाश और अँधेरे के बीच मँडराती छलनाओं से परिचित हो। इसलिए यह कहना कि एक ऐसे समाज में—जहाँ मनुष्य गरीबी और भूख और अन्याय से पीड़ित हो—कला सिर्फ भोग-विलास की वस्तु है, अप्रासंगिक है—वह न मनुष्य की भूख और पीड़ा को समझना है, बल्कि कला के मौलिक धर्म को भी अनेदखा कर देना है। कला बार-बार मनुष्य को उसके बाहरी बन्धनों, ऐतिहासिक छलनाओं और स्वयं उसकी अन्दरूनी भ्रान्तियों से मुक्त करवाके उसे वर्तमान में ले आती है—शाश्वत वर्तमान की क्रूर, किन्तु शान्त रोशनी में, उसके समूचे नंगे अस्तित्व की ओर—और यह कलाकृति को किसी भी समाज-व्यवस्था में प्रासंगिक बनाने की सबसे प्रमुख और अनिवार्य शर्त है।

पं. विद्यानिवास मिश्र

पं. विद्यानिवास मिश्र जी का जन्म माघ कृष्ण 14, सन् 1925 में गोरखपुर जिले के पकड़डीहा गाँव में सरयू पारीण ब्राह्मण कुल में हुआ था। आपने प्रयाग विश्वविद्यालय से संस्कृत साहित्य से एम. ए. की परीक्षा पास की परन्तु पं. श्री.नारायण चतुर्वेदी और श्री राहुल सांकृत्यायन की प्रेरणा से सेवा हिन्दी की ही की है। आप अंग्रेजी, संस्कृत, हिन्दी आदि अनेक भाषाओं के प्रकाण्ड विद्वान थे। देश-विदेश में बहुत घूमे हुए, अनेक महत्त्वपूर्ण पदों को सुशोभित कर चुके पं. विद्यानिवास मिश्र सांस्कृतिक गरिमा सम्पन्न प्रभूत निबन्ध साहित्य के प्रणेता, भाषा विज्ञानी और प्रतिष्ठा और प्रतिष्ठित पत्रकार, सम्पादक रहे हैं। आपकी मृत्यु–मोटर दुर्घटना से 14 फरवरी, 2005 में हुई है।

मिश्र जी को ललित निबन्धकार के रूप में विशेष प्रसिद्धि मिली है। सांस्कृतिक विरासत के प्रति अहोभाव, लोकजीवन में आस्था और गहरी मानवतावादी दृष्टि आपके निबन्धों को विशिष्ट बनाती है। आपके निबन्धों में कहीं-कहीं परम्परा के प्रति अतिशय लगाव दिखाई देता है। लेकिन अपने परिवेश के प्रति सजगता भी दिखाई है। व्यथा और निराशा में समकालीन बोध व्यंजित होता है। आप संस्कृत शब्दावली के साथ लोकजीवन में प्रचलित देशज शब्दों एवं भोजपुरी कहावतों को गूँथते जाते हैं, लेकिन भाषा की प्रवाहिता को नुकसान नहीं होने देते।

मिश्र जी ने सांस्कृतिक-ललित निबन्ध लिखे हैं। लेकिन आपके निबन्ध हजारीप्रसाद द्विवेदी और कुबेरनाथ राय के ललित निबन्धों से भिन्न हैं। पश्चिम के साहित्यों और सांस्कृतियों के गहन परिचय ने इनकी भारतीयता को और अधिक पुष्ट किया है। आपके निबन्धों में परम्परा और आधुनिकता के बीच सार्थक संवाद मिलता है तथा चिन्तन में सर्वत्र मौलिकता दिखाई देती है। आपके निबन्ध शिक्षा, भाषा, साहित्य, संस्कृति आदि से सम्बद्ध हैं। इनमें गाँव का मन 'छितवन की छाँह', 'मेरे राम का मुकुट भीग रहा है', 'तुम चन्दन हम पानी', 'शेफाली झर रही है', 'वसन्त

आ गया है पर कोई उत्कण्ठा नहीं', 'आँगन का पंछी और बनजारा मन', 'परम्परा बन्धन नहीं,' आदि प्रसिद्ध संग्रह हैं।

'मेरे राम का मुकुट भीग रहा है' यह निबन्ध-संग्रह सन् 1974 में प्रकाशित हुआ। इसमें लेखक विचारों के प्रति लिखते हैं, आज इतने चौराहों पर जो मूर्तियाँ स्थापित हो रही हैं और दूसरे दिन वे ही भूलुंठित की जा रही हैं। इसके पीछे मृत्यु पूजा का भाव और भय काम कर रहे हैं। जो चला गया, उसकी पार्थिव आवृत्ति इतिहास के लिए जरूरी है, पर उसकी पूजा क्यों, पूजा हो तो उसके वैचारिक रूप की पूजा हो, जीवन में जो रूप आत्मसात हुआ है, उसकी पूजा। जो रीत गया, फूट गया, उसकी पूजा क्यों हो? राम के विषय में इसी निबन्ध में कहते है कि राम रचना नहीं, कल्पना नहीं, इतिहास नहीं, मूर्ति नहीं, रचना की प्रक्रिया, कल्पना की छटपटाहट है, इतिहास की बदलती हुई व्यवस्था है। मूर्ति अधूरेपन की जागरूक स्मृति है। लेखक का कहना है कि राम अयोध्या से लौटें न लौटें हमें क्या मतलब, हमें तो राम की लीला में अपने को कहीं स्थापित कर देना है।

मेरे राम का मुकुट भीग रहा है

विद्यानिवास मिश्र

महीनों से मन बेहद-बेहद उदास है। उदासी की कोई खास वजह नहीं, कुछ तबीयत ढीली, कुछ आसपास के तनाव और कुछ उनसे टूटने का डर, खुले आकाश के नीचे भी खुलकर साँस लेने की जगह की कमी, जिस काम में लगकर मुक्ति पाना चाहता हूँ, उस काम में हजार बाधाएँ; कुल ले-देकर उदासी के लिए इतनी बड़ी चीज नहीं बनती। फिर भी रात-रात नींद नहीं आती। दिन ऐसे बीतते हैं, जैसे भूतों के सपनों की एक रील पर दूसरी रील चढ़ा दी गई हो और भूतों की आकृतियाँ और डरावनी हो गई हों। इसलिए कभी-कभी तो बड़ी-से-बड़ी परेशानी करने वाली बात हो जाती है। और कुछ भी परेशानी नहीं होती, उल्टे ऐसा लगता है, जो हुआ, एक सहज क्रम में हुआ; न होना ही कुछ अटपटा होता और कभी-कभी बहुत मामूली-सी बात भी भयंकर चिंता का कारण बन जाती है।

अभी दो-तीन रात पहले मेरे एक साथी संगीत का कार्यक्रम सुनने के लिए नौ बजे रात गए, साथ में जाने के लिए मेरे एक चिरंजीव ने और मेरी एक मेहमान, महानगरीय वातावरण में पली कन्या ने अनुमति माँगी। शहरों की आजकल की असुरक्षित स्थिति का ध्यान करके इन दोनों को जाने तो नहीं देना चाहता था, पर लड़कों का मन भी तो रखना होता है, कह दिया, एक डेढ़ घंटे सुनकर चले जाना।

रात के बारह बजे। लोग नहीं लौटे। गृहिणी बहुत उद्विग्न हुईं, झल्लायीं; साथ में गये मित्र पर नाराज होने के लिए संकल्प बोलने लगीं। इतने में जोर की बारिश आ गई। छत से बिस्तर समेटकर कमरे में आया। गृहिणी को मझाया, बारिश थमेगी, आ जाएँगे, संगीत में मन लग जाता है, तो उठने की तबीयत नहीं होती, तुम सोओ, ऐसे बच्चे नहीं हैं। पत्नी किसी तरह शांत होकर सो गई, पर मैं अकुला उठा, बारिश निकल गई, ये लोग नहीं आए। बरामदे में कुर्सी लगाकर राह जोहने लगा। दूर कोई भी आहट होती, तो उदग्र होकर फाटक की ओर देखने लगता। रह-रहकर बिजली चमक जाती थी और सड़क छिप जाती थी। पर सामने ही सड़क पर कोई रिक्शा नहीं, कोई चिरई का पूत नहीं। एकाएक कई दिनों से मन में उमड़ती-घुमड़ती पंक्तियाँ गूँज गईं—

"मोरे राम के भीजै मुकुटवा,
लछिमन के पटुकवा
मोरी सीता के भीजै सेनुरवा
त राम घर लौटहिं॥"

(मेरे राम का मुकुट भीग रहा होगा, मेरे लखन का पटुका (दुपट्टा) भीग रहा होगा, मेरी सीता की माँग का सिंदूर भीग रहा होगा, मेरे राम घर लौट आते।)

बचपन में दादी-नानी जायें पर यह गीत गातीं, मेरे घर से बाहर जाने पर विदेश में रहने पर वे यही गीत विह्वल होकर गातीं और लौटने पर कहतीं—'मेरे लाल को कैसा बनवास मिला था।' जब मुझे दादी-नानी की इस आकुलता पर हँसी भी आती, गीत का स्वर बड़ा मीठा लगता। हाँ, तब उसका दर्द नहीं छूता। पर इस प्रतीक्षा में एकाएक उसका दर्द उस ढलती रात में उभर आया और सोचने लगा, आने वाली पीढ़ी पिछली पीढ़ी की ममता की पीड़ा नहीं समझ पाती और पिछली पीढ़ी अपनी संतान के संभावित संकट की कल्पना मात्र से उद्विग्न हो जाती है। मन में यह प्रतीत ही नहीं होती कि अब संतान समर्थ है, बड़ा-से-बड़ा संकट झेल लेगी। बार-बार मन को समझाने की कोशिश करता, लड़की दिल्ली विश्वविद्यालय के एक कॉलेज में पढ़ाती है, लड़का संकट-बोध की कविता लिखता है, पर लड़की का ख्याल आते ही दुश्चिंता होती, गली में जाने कैसे तत्त्व रहते हैं! लौटते समय कहीं कुछ हो न गया हो और अपने भीतर अनायास अपराधी होने का भाव जाग जाता, मुझे रोकना चाहिए था या कोई व्यवस्था करनी चाहिए थी, परायी लड़की (और लड़की तो हर एक परायी होती है, धोबी की मुटरी की तरह घाट पर खुले आकश में कितने दिन फहराएगी, अंत में उसे गृहिणी बनने जाना ही है) घर आई, कहीं कुछ हो न जाए!

❑

मन फिर घूम गया। कौसल्या की ओर, लाखों-करोड़ों कौसल्याओं की ओर और लाखों-करोड़ों कौसल्याओं के द्वारा मुखरित एक अनाम-अरूप कौसल्या की ओर, इन सबके राम बन में निर्वासित हैं, पर क्या बात है कि मुकुट अभी भी उनके माथे पर बँधा है और उसी के भीगने की इतनी चिंता है? क्या बात है कि आज भी काशी की रामलीला आरंभ होने के पूर्व एक निश्चित मुहूर्त में मुकुट की ही पूजा सबसे पहले की जाती है? क्या बात है कि तुलसीदास ने 'कानन' को 'सत अवध समाना' कहा और चित्रकूट में ही पहुँचने पर उन्हें 'कलि की कुटिल कुचाल' दीख पड़ी? क्या बात है कि आज भी बनवासी धनुर्धर राम ही लोकमानस के राजा राम बने हुए हैं! कहीं-न-कहीं इन सबके बीच एक संगति होनी चाहिए।

अभिषेक की बात चली, मन में अभिषेक हो गया और मन में राभ के साथ

राम का मुकुट प्रतिष्ठित हो गया। मन में प्रतिष्ठित हुआ, इसलिए राम ने राजकीय वेश उतारा, राजकीय रथ से उतरे, राजकीय भोग का परिहार किया, पर मुकुट तो लोगों के मन में था, कौसल्या के मातृ-स्नेह में था, वह कैसे उतरता, वह मस्तक पर विराजमान रहा और राम भीगें तो भीगें, मुकुट न भीगने पाये, इसकी चिंता बनी रही। राजा राम के साथ उनके अंगरक्षक लक्ष्मण का कमर-बन्द दुपट्टा भी (प्रहरी की जागरूकता का उपलक्षण) न भीगने पाये और अखंड सौभाग्यवती सीता की मांग का सिंदूर न भीगने पाये, सीता भले ही भीग जायें। राम तो वन से लौट आए, सीता को लक्ष्मण फिर निर्वासित कर आए, पर लोकमानस में राम की वनयात्रा अभी नहीं रुकी। मुकुट, दुपट्टे और सिंदूर के भीगने की आशंका अभी भी साल रही है। कितनी अयोध्याएँ बसीं, उजड़ीं, पर निर्वासित राम की असली राजधानी, जंगल का रास्ता अपने काँटों-कुशों, कंकड़ों-पत्थरों की वैसी ही ताजा चुभन लिए हुए बरकरार है, क्योंकि जिनका आसरा साधारण गँवार आदमी भी लगा सकता है, वे राम तो सदा निर्वासित ही रहेंगे और उनके राजपाट को सँभालने वाले भरत अयोध्या के समीप रहते हुए भी उनसे भी अधिक निर्वासित रहेंगे, निर्वासित ही नहीं, बल्कि कालकोठरी में बंद जिलावतनी की तरह दिन बिताएँगे।

❑

सोचते-सोचते लगा कि इस देश की ही नहीं, पूरे विश्व की एक कौसल्या है; जो हर बारिश में बिसूर रही है–'मोरे राम के भीजै मुकुटवा' (मेरे राम का मुकुट भीग रहा होगा)। मेरी संतान, ऐश्वर्य की अधिकारिणी संतान वन में घूम रही है, उसका मुकुट, उसका ऐश्वर्य भीग रहा है, मेरे राम कब घर लौटेंगे; मेरे राम के सेवक का दुपट्टा भीग रहा है, पहरुए का कमरबन्द भीग रहा है, उसका जागरण भीग रहा है, मेरे राम की सहचारिणी सीता का सिंदूर भीग रहा है, उसका अखंड सौभाग्य भीग रहा है, मैं कैसे धीरज धरूँ? मनुष्य की इस सनातन नियति से एकदम आतंकित हो उठा, ऐश्वर्य और निर्वासन दोनों साथ-साथ चलते हैं। जिसे ऐश्वर्य सौंपा जाने को है। उसको निर्वासन पहले से बदा है। जिन लोगों के बीच रहता हूँ, वे सभी मंगल नाना के नाती हैं, वे 'मुद मंगल' में ही रहना चाहते हैं, मेरे जैसे आदमी को वे निराशावादी समझकर बिरादरी से बाहर ही रखते हैं, डर लगता रहता है कि कहीं उड़कर उन्हें भी दुख न लग जाए, पर मैं अशेष मंगलाकांक्षाओं के पीछे से झाँकती हुई दुर्निवार शंकाकुल आँखों में झाँकता हूँ, तो मंगल का सारा उत्साह फीका पड़ जाता है और बंदनवार, बंदनवार न दिखकर बटोरी हुई रस्सी की शक्ल में कुंडली मारे नागिन दिखती है, मंगल घट औंधाई हुई अधफूटी गगरी दिखता है, उत्सव की रोशनी का तामझाम धुओं की गाँठों का अंबार दिखता है और मंगल-वाद्य डेरा उखाड़ने वाले अंतिम कारवदार की उसाँस में बजकर एकबारगी बंद हो जाता है।

लागति अवध भयावह भारी,
मातहुँ कालराति अँधियारी।
घोर जंतु सम पुर नर नारी,
डरपहिं एक हि एक निहारी।
घर मसान परिजन जनु भूता,
सुत हित मीत मनहुँ जमदूता।
बागन्ह बिटप बेलि कुम्हिलाहीं,
सरित सरोवर देखि न जाहीं।

कैसे मंगलमय प्रभात की कल्पना थी और कैसी अँधेरी कालरात्रि आ गई है? एक-दूसरे को देखने से डर लगता है। घर मसान हो गया है, अपने ही लोग भूत-प्रेत बन गये हैं, पेड़ सूख गए हैं, लताएँ कुम्हला गई हैं। नदियों और सरोवरों को देखना भी दुस्सह हो गया है। केवल इसलिए कि जिसका ऐश्वर्य से अभिषेक हो रहा था, वह निर्वासित हो गया। उत्कर्ष की ओर उन्मुख समष्टि का चैतन्य अपने ही घर से बाहर कर दिया गया, उत्कर्ष की मनुष्य की ऊर्ध्वोन्मुख चेतना की यही कीमत सनातन काल से अदा की जाती रही है। इसीलिए जब कीमत अदा कर दी गई, तो उत्कर्ष कम-से-कम सुरक्षित रहे, यह चिंता स्वाभाविक हो जाती है। राम भीगें तो भीगें, राम के उत्कर्ष की कल्पना न भीगे, वह हर बारिश में हर दुर्दिन में सुरक्षित रहे। नर के रूप में लीला करने वाले नारायण निर्वासन की व्यवस्था झेलें, पर नर रूप में उनकी ईश्वरता का बोध दमकता रहे, पानी की बूँदों की झालर में उसकी दीप्ति छिपने न पाये। उस नारायण की सुख-सेज बने अनंत के अवतार लक्ष्मण भले ही भीगते रहें, उनका दुपट्टा, उनका अहर्निश जागर न भीजे, शेषी नारायण के ऐश्वर्य का गौरव अनंत शेष के जागर-संकल्प से ही सुरक्षित हो सकेगा और इन दोनों का गौरव जगज्जननी आद्याशक्ति के अखंड सौभाग्य सीमांत सिंदूर से रक्षित हो सकेगा, उस शक्ति का एकनिष्ठ प्रेम पाकर राम का मुकुट है, क्योंकि राम का निर्वासन वस्तुतः सीता का दुहरा निर्वासन है। राम तो लौटकर राजा होते हैं, पर रानी होते ही सीता राजा राम द्वारा वन में निर्वासित कर दी जाती हैं। राम के साथ लक्ष्मण हैं, सीता हैं, सीता वन्य पशुओं से घिरी हुई विजन में सोचती हैं—प्रसव की पीड़ा हो रही है, कौन इस वेला में सहारा देगा, कौन प्रसव के समय प्रकाश दिखलाएगा, कौन मुझे सँभालेगा, कौन जन्म के गीत गाएगा?

कोई गीत नहीं गाता। सीता जंगल की सूखी लकड़ी बीनती हैं, जलाकर अंजोर करती हैं और जुड़वाँ बच्चों का मुँह निहारती हैं। दूध की तरह अपमान की ज्वाला में चित्त कूद पड़ने के लिए उफनता है और बच्चों की प्यारी और मासूम सूरत देखते ही उस पर नानी के छींटे पड़ जाते हैं, उफान दब जाता है। पर इस निर्वासन में भी सीता

का सौभाग्य अखंडित है, वह राम के मुकुट को तब भी प्रमाणित करता है, मुकुटधारी राम को निर्वासन से भी बड़ी व्यथा देता है और एक बार और अयोध्या जंगल बन जाती है, स्नेह की रसधार रेत बन जाती है, सब कुछ उलट-पुलट जाता है, भवभूति के शब्दों में पहचान की बस एक निशानी बच रहती है, दूर ऊँचे खड़े तटस्थ पहाड़, राजमुकुट में जड़े हीरों की चमक के सैकड़ों शिखर, एकदम कठोर, तीखे और निर्मम—

पुरा यत्र स्रोतः पुलिनमधुना तत्र सरितां।
विपर्यासं यातो धन विरलभावः क्षितिरुहाम्।
बहोः कालाद् दृष्टं ह्यपरमिव मन्ये वनमिदं
निवेशं शैलानां तदिदमिति बुद्धिं द्रढयति।

राम का मुकुट इतना भारी हो उठता है कि राम उस बोझ से कराह उठाते हैं और इस वेदना के चीत्कार में सीता के माथे का सिंदूर और दमक उठता है, सीता का वर्चस्व और प्रखर हो उठता है।

❑

कुर्सी पर पड़े-पड़े यह सब सोचते-सोचते चार बजने को आए, इतने में दरवाजे पर हल्की-सी दस्तक पड़ी, चिरंजीव निचली मंजिल से ऊपर नहीं चढ़े, सहमी हुई कृष्णा (मेरी मेहमान लड़की) बोली—दरवाजा खोलिए। आँखों में इतनी कातरता कि कुछ कहते नहीं बना, सिर्फ इतना कहा कि तुम लोगों को इसका अंदाज होगा कि हम कितने परेशान रहे हैं। भोजन-दूध धरा रह गया, किसी ने भी छुआ नहीं, मुँह ढाँपकर सोने का बहाना शुरू हुआ, मैं भी स्वस्ति की साँस लेकर बिस्तर पर पड़ा, पर अर्धचेतन अवस्था में फिर जहाँ खोया हुआ था, वहीं लौट गया। अपने लड़के घर लौट आए, बारिश से नहीं, संगीत से भीगकर, मेरी दादी-नानी के गीतों के राम, लखन और सीता अभी भी वन-वन भीग रहे हैं। तेज बारिश में पेड़ की छाया और दुख हो जाती है, पेड़ की हर पत्ती से टप्-टप् बूँदें पड़ने लगती हैं, तने पर टिकें, तो उसकी हर नस-नस से आप्लावित होकर पीठ गलाने लगती है। जाने कब से मेरे राम भीग रहे हैं और बादल हैं कि मूसलाधार ढरकाये चले जा रहे हैं, इतने में मन में एक चोर धीरे से फुसफुसाता है, राम तुम्हारे कब से हुए, तुम, जिसकी बुनाहट पहचान में नहीं आती, जिसके व्यक्तित्व के ताने-बाने तार-तार होकर अलग हो गए हैं, तुम्हारे कहे जाने वाले कोई भी हो सकते हैं कि वह तुम कह रहे हो, मेरे राम! और चोर की बात सच लगती है, मन कितना बँटा हुआ है, मनचाही और अनचाही दोनों तरह की हजार चीजों में। दूसरे कुछ पतितायें भी, पर अपने ही भीतर परतीति नहीं होती कि मैं किसी का हूँ या कोई मेरा है। पर दूसरी ओर यह भी सोचता हूँ क्या बार-बार विचित्र-से अनमनेपन में अकारण चिंता किसी के लिए होती है, वह चिंता क्या पराये के लिए होती है, वह क्या कुछ भी अपना

नहीं है? फिर इस अनमनेपन में ही क्या राम अपनाने के लिए हाथ नहीं बढ़ाते आये हैं, क्या न-कुछ होना और न-कुछ बनाना ही अपनाने की उनकी बढ़ी हुई शर्त नहीं है?

तार टूट जाता है, मेरे राम का मुकुट भीग रहा है, यह भीतर से कहाँ पाऊँ। अपनी उदासी से ऐसा चिपकाव अपने सँकरे-से दर्द से ऐसा रिश्ता, राम को अपना कहने के लिए केवल उनके लिए भरा हुआ हृदय कहाँ पाऊँ? मैं शब्दों के घने जंगलों में हिरा गया हूँ। जानता हूँ, इन्हीं जंगलों के आसपास किसी टेकड़ी पर राम की पर्णकुटी है, पर इन उलझाने वाले शब्दों के अलावा मेरे पास कोई राह नहीं। शायद सामने उपस्थित अपने ही मनोराज्य के युवराज, अपने बचे-खुचे स्नेह के पात्र, अपने भविष्यत् के संकट की चिंता में राम के निर्वासन का जो ध्यान आ जाता है, उनसे भी अधिक एक बिजली से जगमगाते शहर में एक पढ़ी-लिखी चन्द दिनों की मेहमान लड़की के एक रात कुछ देर से लौटने पर अकारण चिंता हो जाती है। उसमें सीता का ख्याल आ जाता है, वह राम के मुकुट या सीता के सिंदूर के भीगने की आशंका से जोड़े न जोड़े आज की दरिद्र अर्थहीन, उदासी को कुछ ऐसा अर्थ नहीं दे देता, जिससे जिंदगी ऊब से कुछ उबर सके?

और इतने में पूरब से हल्की उजास आती है और शहर के इस शोर-भरे बियावान में चक्की के स्वर के साथ बढ़ती-उतरती जंतसार गीति हल्की-सी सिहरन पैदा कर जाती है। 'मोरे राम के भीजै मुकुटवा' और अमचूर की तरह विश्वविद्यालयी ज़ीवन की नीरसता में सूखा मन कुछ जरूर ऊपरी सतह पर ही सही भीगता नहीं, तो कुछ नम तो जरूर ही हो जाता है, और महीनों की उमड़ी-घुमड़ी उदासी बरसने-बरसने को आ जाती है। बरस न पाए, यह अलग बात है (कुछ भीतर भाप हो, तब न बरसे), पर बरसने का यह भाव जिस ओर से आ रहा है, उधर राह होनी चाहिए। इतनी असंख्य कौसल्याओं के कंठ में बसी हुई जो एक अरूप ध्वनिमयी कौसल्या है। अपनी सृष्टि के संकट में उसके सतत उत्कर्ष के लिए आकुल, उस कौसल्या की ओर, उस मानवीय संवेदना की ओर ही कहीं राह है, घास के नीचे दबी हुई। पर उस घास की महिमा अपरंपार है, उसे तो आज वन्य पशुओं का राजकीय संरक्षित क्षेत्र बनाया जा रहा है, नीचे ढकी हुई राह तो सैलानियों के घूमने के लिए, वन्य पशुओं के प्रदर्शन के लिए, फोटो खींचने वालों की चमकती छवि यात्राओं के लिए बहुत ही रमणीक स्थली बनाई जा रही है। उस राह पर तुलसी और उनके मानस के नाम पर बड़े-बड़े तमाशे होंगे, फुलझड़ियाँ दगेंगी, सैर-सपाटे होंगे, पर वह राह ढकी ही रह जाएगी, केवल चक्की का स्वर, श्रम का स्वर ढलती रात में, भीगती रात में अनसोये वात्सल्य का स्वर तलाशता रहेगा—किस ओर राम मुड़े होंगे, बारिश से बचने के लिए? किस ओर? किस ओर? बता दो सखी।

उदय प्रकाश

जन्म : 1952, मध्यप्रदेश के शहडोल (अब अनूपपुर) जिले के गाँव सीतापुर में।

शिक्षा : सागर विश्वविद्यालय सागर और जवाहरलाल नेहरू विश्वविद्यालय, नयी दिल्ली में।

कार्य : जवाहरलाल नेहरू विश्वविद्यालय और इसके मणिपुर केन्द्र में लगभग चार वर्ष तक अध्यापन। संस्कृति विभाग, मध्यप्रदेश, भोपाल में लगभग दो वर्ष विशेष कर्तव्यस्थ अधिकारी। इसी दौरान 'पूर्वग्रह' का सहायक सम्पादन। नौ वर्षों तक टाइम्स ऑफ इंडिया के समाचार पाक्षिक 'दिनमान' के सम्पादकीय विभाग में नौकरी। बीच में एक वर्ष टाइम्स रिसर्च फाउंडेशन के स्कूल ऑफ सोशल जर्नलिज्म में अध्यापन। लगभग दो वर्ष पी.टी.आई. (टेलीविज़न) और एक वर्ष इंडिपेंट टेलीविज़न में विचार और पटकथा प्रमुख। कुछ समय 'संडे मेल' में वरिष्ठ सहायक सम्पादक रहे। इन दिनों स्वतन्त्र लेखन तथा फिल्म और मीडिया के लिए लेखन।

कृतियाँ : 'सुनो कारीगर', 'अबूतर-कबूतर', 'रात में हारमोनियम', 'एक भाषा हुआ करती है' (कविता संग्रह)। 'दरियाई घोड़ा', 'तिरिछ', 'और अन्त में प्रार्थना', 'पॉल गोमरा का स्कूटर', 'पीली छतरी वाली लड़की', 'दत्तात्रेय के दुख', 'मोहन दास', 'अरेबा परेबा', 'मैंगोसिल' (कहानी संग्रह)। 'ईश्वर की आँख', 'अपनी उनकी बात' और 'नयी सदी का पंचतंत्र' (निबन्ध, आलोचना, साक्षात्कारों का संकलन)।

पुरस्कार : भारत भूषण अग्रवाल पुरस्कार (1980), ओमप्रकाश साहित्य सम्मान (1982), श्रीकान्त वर्मा स्मृति पुरस्कार (1992), मुक्तिबोध पुरस्कार (1996), साहित्यकार सम्मान, हिदी अकादमी, दिल्ली, (1999), रामकृष्ण जयदयाल सद्भावना सम्मान (1997), पहल सम्मान (2003), कथाक्रम सम्मान (2005), पुश्किन सम्मान (2006), द्विजदेव सम्मान (2006-07)।

उदय प्रकाश कविता को हर बार वहाँ से पकड़ने की कोशिश करते हैं जहाँ से उसका मूल उत्स है। इसलिए वह अपने अनुभवलोक में हमेशा इस तरह प्रवेश

करते हैं–"विकसित सभ्यताएँ जिस तरह लौट जाती हैं धरती के गर्भ में" या "इतिहास जिस तरह विलीन हो जाता है समूह की मिथकगाथा में", हमारी चेतना पर निरन्तर जमती जाती धूल को हटाकर उसके अन्दर झाँकने का यह उनका अपना ढंग है, जहाँ यथार्थ और स्वप्न के बीच के सारे कामचलाऊ विभाजन अर्थहीन हो जाते हैं। यह कवि उदय प्रकाश की एक ऐसी काव्य युक्ति है जिसे उन्होंने अपने लम्बे आत्मसंघर्ष के भीतर से अर्जित किया है।

एक अजायबघर

उदय प्रकाश

एक बड़ी पुरानी कहावत है कि कोस-कोस पर पानी बदलता है और सात कोस पर बानी। मतलब यही कि भूमंडलीकरण, बाजार और सूचना प्रौद्योगिकी के कारण भले ही विद्वानों को लग रहा हो कि दुनिया एक गाँव हो गयी है और इंडिया अमेरिका, लेकिन ऊपर वाली ठेठ देहाती कहावत जस की तस अपनी ठौर पर कायम है। दिल्ली का पानी पीकर कुछ कोस के बाद अगर आपको फिर प्यास लगी और आपने आगरा का पानी पिया तो पानी बदल जाने का सत्य आपके गले से सरकता हुआ भीतर उतरेगा। (जो लोग संसार में हर जगह बोतलीकृत खनिज-जल पीते हैं, उन पर यह बात इस तरह लागू नहीं होती उनके लिए कोई दूसरा उदाहरण खोजना होगा। ओह! खोज लिया) पानी के बाद अब बानी मानी भाषा वाला उदाहरण देखिए। तो सबसे बलशाली बानी अंग्रेजी का ही उदाहरण लेते हैं। ग्लोबल, खगोलिक, सार्वभौमिक, बौद्धिक, बाजारू, विश्व-राष्ट्र भाषा अंग्रेजी। हर कोई जानता है कि हमारे अंग्रेजी के इंडियन लेखकों ने अमेरिका-विलायत की इंगलिश को 'हिंगलिश' में बदल डाला था और कई बुकर पुरस्कार विजेता कृतियों की रचना करने के साथ-साथ 'स्टार-प्लस' के अमिताभ जी द्वारा प्रसतुत 'केबीसी' के एकमात्र करोड़पति मुंबई के हर्षवर्द्धन नवाथे से भी ड्योढ़ी-दुगुनी रकम रॉयल्टी में प्राप्त की थी। तो इंगलिश से 'हिंगलिश' में बदलने के बाद ऐसा नहीं है कि हमारे देश में यह अंग्रेजी एक जैसी हो गयी वो ऊपर की ठेठ गँवई कहावत अपने शाश्वत सत्य के साथ यहाँ भी बदस्तूर कायम है। चेन्नई से लेकर कोलकाता और पटना से लेकर बिलासपुर और मुंबई तक आप जाइए और इस 'हिंगलिश' की भी अनेक मजेदार छटाएँ देखिए। उच्चारण से लेकर वाक्य-विन्यास तक। मतलब यही कि हमारे गाँव-गँवई के लोग जो कहावत बनाते थे, उनमें हाइ-टेक की सूचनाएँ भले ही न रहती रही हों, उनमें एक बुद्धिमानी जरूर रहती थी। टी.एस. इलियट ने जो कहा था कि हमारे समाज का विकास 'विजडम' (बुद्धिमानी) से नॉलेज (ज्ञान) और नॉलेज से इनफारमेशन (सूचना) तक हुआ है, तो उसकी बात बिल्कुल सही लगती है।

अब आप सोचिए कि अगर बानी और पानी भी देश-देश में बदल जाते हैं तो भला कौन-सी चीज हर जगह इस टीवी बाजार और इंटरनेट के बलबूते पर न बदलने का दावा कर सकती है और सारी स्थानिक विभिन्नताओं को सपाट करती हुई 'ग्लोबल' होने का दंभ पाल सकती है। लेकिन हमने हर बार इस देहाती बुद्धिमानी की उपेक्षा की। समाजवाद रूस में आया तो हमने सोचा वह हमारे यहाँ भी वैसा ही आएगा। पानी रूस और चीन में बरसा और हमारे क्रांतिकारियों ने छतरियाँ हिन्दुस्तान में तान लीं। साहित्य के साथ भी यही हुआ। प्रगतिशीलता आई तो लंदन के मार्फत आई। मुल्कराज जी और जहीर साहब ने अपना मेनिफेस्टो वहीं के होटल में तैयार किया। यथार्थवाद आया तो वही यथार्थवाद आया जो यूरोप में था। हमारे किसी देशी लेखक ने अगर देशी की तरह का यथार्थ अपनी रचना में प्रस्तुत किया तो उसे यूरोप के सिद्धान्तों के डंडे से हाँक दिया गया। बहुतों को यथार्थवाद का विरोधी सिद्ध किया गया। सूची लंबी है। इसमें अज्ञेय से लेकर मुक्तिबोध तक सभी आते हैं। प्रेमचंद को तो बहुत बाद में स्वीकृति मिली। मुक्तिबोध को भी किनारे लगा दिया गया था, बस नेमिचंद्र जैन, शमशेरजी और श्रीकांत वर्मा आड़े आ गए। बहरहाल, यह किस्सा फिर कभी आजकल तो उत्तर-आधुनिकता की बहार हमारे यहाँ आयी हुई है विद्वान पहले की तरह ही फिर से यह मान रहे हैं कि यह अगर आया तो वैसा ही आएगा, जैसा अमरीका और यूरोप में है। नतीजा खुद देखिए, बिना अपने सामाजिक-सांस्कृतिक संदर्भों की भिन्नताओं को समझे पश्चिमी सिद्धांतकारों के आप्त-वचनों को यथावत उठाकर उसी तरह से यहाँ बजा रहे हैं, जैसा पहले समाजवाद और प्रगतिवाद के जमाने में बजाया था। जबकि ऐसा है नहीं। उत्तर-आधुनिकता भी देश-देश के सामाजिक-सांस्कृतिक संदर्भों की अलग-अलग भिन्नताओं के हिसाब से अलग-अलग रूपों में आ जा रही है। दूर कहीं की बात तो छोड़िए, यूरोप में भी वह एक जैसी नहीं है। पूर्वी यूरोप में उसका एक रूप है, तो मध्य यूरोप में दूसरा। युगोस्लाविया की एक नेट पत्रिका में कुछ समय पहले एक महिला लेखिका ब्लादिस्लाव गोरदिक को अतिथि संपादिका बनाया गया तो संपादन के दौरान उसने क्षुब्ध होकर लिखा—उत्तर-आधुनिकता और कुछ नहीं एक अजायबघर है। नीत्शे ने ईश्वर की मृत्यु की घोषणा करके जिस भाषा को एक जेलखाने में बदल दिया था, उसे यूरोप के अमेरिकापरस्त बुद्धिजीवी भाषा के 'डिज्नीलैंड' में बदल रहे हैं। गोरदिक ने लिखा है कि जब हमारे यहाँ कोसोवो में जातीय संघर्ष सबसे विकट हो रहे हैं, नौजवानों को जेलों में डाला जा रहा है, संस्कृति और सम्प्रेषण के तमाम साधनों और संस्थानों पर सरकारी दखलंदाजी बढ़ती जा रही है, ऐसे समय में हमारे पूर्वी यूरोप के लेखक उस तरह की उत्तर-आधुनिकता की बात कर रहे हैं, जैसे वे अमेरिका में बैठे हों। हमारे मध्य यूरोप में उत्तर-आधुनिकता एक टूटते-बिखरते

जातीय और धार्मिक टकराहटों में लहूलुहान होने वाले समाज के संदर्भों के बीच अपना आकार बना रही है। जबकि हमारे पड़ोसी पूर्वी यूरोप के उत्तर-आधुनिकों के लिए वह उच्च-आख्यानों के खेल का मैदान बनी हुई है। वे लोग दमन, हिंसा, निरंकुशता और सत्ता के षड्यंत्रों जैसे गंभीर मसलों पर हँस और खेल रहे हैं और तथाकथित राष्ट्रीय इतिहासों की प्रस्तुति और पुनःप्रस्तुति में डूबे हुए उनमें झूठ मिलाकर 'पोमो प्लॉट' और व्यर्थ के विमर्शों का मजा लूट रहे हैं। गोरदिक ने मिलान कुंडेरा जैसे लेखकों की रचनाओं को भी इस आरोप से बरी नहीं किया है, जो ऐतिहासिक अभिलेखों, दस्तावेजों और पुराने राष्ट्र-राज्य की नियति में अपने आख्यान खोज रहे हैं।

अमेरिका में जहाँ माना जा रहा है कि इतिहास का अंत हो गया है, वहाँ भी गोरदिक के अनुसार उत्तर-आधुनिकों ने दरअसल इतिहास का नहीं, इतिहास के अर्थों का अंत किया है। महा-आख्यानों का संहान करने के बावजूद उन्होने महा-आख्यानों (इतिहास) के पात्रों और चरित्रों को बचाए रखा है, सिर्फ उनसे उनके अर्थ छीन लिए हैं। उनको 'डिज्नीफाइ' कर दिया है। और अब एक मजेदार दृश्य वहाँ उपस्थित है। हिटलर या चाउसेस्कु मिकी माउस से हाथ मिला रहे हैं, लेकिन मैडोना के साथ डांस कर रहे हैं और हो सकता है महात्मा गाँधी पैरिस के फैशन चैनल एफ. टी.वी. में किसी मॉडल के साथ कैटवाक् कर रहे हों। अब आप अपने यहाँ भी जरा नजर दौड़ाइए। हमारे यहाँ भी साहित्य में इन दिनों जैसा उत्तर-आधुनिक दृश्य उपस्थित है, उसमें अगर कबीर, सुनीता राव के साथ गाते हुए गोदान का होरी, छोटा शकील या दाऊद के साथ नाचते हुए और मुक्तिबोध किसी नाइट पार्टी में किसी 'मोगांबो' या 'गब्बर सिंह' के साथ पीते हुए दिखें तो आश्चर्य कैसा। अमरीकी उत्तर-आधुनिकता हमारे यहाँ साहित्य का यही अजायबघर तैयार करने में लगी है।

❑❑